康德的大刀

《纯粹理性批判》导读

谢遐龄 著

生活·讀書·新知 三联书店

Copyright © 2019 by SDX Joint Publishing Company.
All Rights Reserved.

本作品版权由生活·读书·新知三联书店所有。
未经许可，不得翻印。

图书在版编目（CIP）数据

康德的大刀：《纯粹理性批判》导读／谢遐龄著．—北京：
生活·读书·新知三联书店，2019.8（2024.1 重印）
（三联精选）
ISBN 978-7-108-06540-7

Ⅰ.①康… Ⅱ.①谢… Ⅲ.①康德(Kant, Immanuel 1724-1804)－哲学思想－研究 ②《纯粹理性批判》－研究 Ⅳ.① B516.31

中国版本图书馆 CIP 数据核字（2019）第 056041 号

责任编辑	王晨晨
装帧设计	薛　宇
责任印制	董　欢
出版发行	生活·讀書·新知 三联书店
	（北京市东城区美术馆东街 22 号 100010）
网　　址	www.sdxjpc.com
经　　销	新华书店
印　　刷	北京隆昌伟业印刷有限公司
版　　次	2019 年 8 月北京第 1 版
	2024 年 1 月北京第 3 次印刷
开　　本	880 毫米 × 1092 毫米　1/32　印张 7.75
字　　数	141 千字
印　　数	09,001-12,000 册
定　　价	36.00 元

（印装查询：01064002715；邮购查询：01084010542）

目 录
Contents

引 言 1

哲学要教人正确地说话 1

这本导读的路数和目标 3

哲学还要为人类探求安身立命之本 6

本书要讨论的四个问题 11

一、对 象 16

1. 我们的研究对象是物还是概念? 17

2. 物是物自体还是概念? 22

3. 物存在吗? 28

4. 心外有物吗? 34

5. 小结:关于"纯粹的" 42

二、知性为自然界立法 48

1. 实体是物自体还是纯粹概念? 56

2. 因果律:先于经验还是归纳自经验? 65

3. 经验的两个来源:感性和知性 70

4. 何谓"自然界"? 77

5. 关于"先验的" 84

三、物自体（本无）90

1. "物自体"一词之由来 91

2. 本无：独立于心外者 93

3. 本无并非真如 99

4. 本无与康德所论的无 103

四、物自体（意会体）：自由 105

1. 自由是对必然的认识吗？ 113

2. 关于自由与必然的二律背反 119

3. 物的二重性 124

4. 人的二重性：人是目的 131

5. 砍掉造物主（物理的上帝） 139

结　语 147

附录一　论康德的"人的存在二重性"理论 159

附录二　中西交流中几个中国哲学概念的解释 174

附录三　直感判断力：理解儒学的心之能力 201

初版后记　239

再版后记　242

引 言

哲学要教人正确地说话

日常用语真是十分顽固的东西。人类一向说，"清晨，太阳在东方升起"。这似乎已成了确定不移的真理，并为每一个人的经验反复证实。哥白尼出来了，指出事情的真相乃是地球带着我们向太阳转过去。早就确立的真理于是被推翻了，人们也终于都接受了哥白尼学说，但是却照旧说"太阳升起"，而不说"地球转过去"。直至今日，谁要是试图纠正日常说法，反会招引嘲笑。

哥白尼算幸运的。人们虽然不按他的想法改正自己的说话方式，毕竟还承认他的思想正确。可悲的是，哲学家远没有科学家那样走运。尽管哲学和科学在这一点上是类似的：使人类的说话方式臻于完美，尽可能地消除那些引起歧义或矛盾的因素。但人们抵制哲学家往往甚于抵制科学家，常常以怀疑的眼光看待哲学家，对他们采取"敬而远之"的态度。在人们心目中，科学家使常识精密化；哲学家却以说出与常识大相径庭的话而自鸣得意。他们忘记了科学家也曾与常识冲突过，至今也常有冲突。

哲学（以及哲学家）的厄运，是因为它（以及他们）直接对付语言。时下"反思"这个哲学名词很流行。所谓"反思"，实际上就是检查说话方式有没有毛病、某些基本概念到底指什么，若有不妥或不明确的地方应该怎样去纠正。语言和世界观本来就是一回事。我们的祖先若干万年反思的结果，积累为今日的语言，表现为一大堆日常用语及其相互关系（结构）。我们每一个人都要学说话。每一个婴儿牙牙学语时，他的母亲及他的亲人教给他的都是日常用语，看起来平淡无奇，实际上，人类几十万年思考创造出来的文化中的精华，就这样悄悄地传授给他。这里所谓的精华，就是语言，即说这种语言的那个民族解释世界的基本框架——世界观。我们承认语言有过发展，就等于承认我们祖先纠正不完善的说话方式是正当的。因此，也应该承认今日及今后应该把这项事业继续下去。只是说起来容易实行起来难。真有人出来纠正时，所遭遇的多半是疑惧：你难道比列祖列宗和大家还高明吗？！实际的过程往往是这样，一个大哲学家的发现，即使是专门研究哲学的一小群人，也要用上几个世纪才能消化。至于为全人类所消化，则需经过几十个世纪。

所以，人们至今不懂康德说了些什么，甚至专攻康德的哲学研究者也远远没有达到一致的见解（不一致＝未消化＝处于消化过程中），就不是一件值得奇怪的事了。

因此，搞明白康德说的到底是什么，尽管是一种很初级的、属于"哲学普及"的工作，但也是重要的、有意义的事业，而且是实行起来并不那么容易的事业。

这本导读的路数和目标

想懂康德，最好的办法是直接啃原著。但是啃原著并不是那么容易的事。一部艰深的著作，里面阐述的思想同我们现有的思想距离过大，便令人望而生畏，不敢走近它。这样，读一些解释性的著作，就是必要的。然而，解释性的著作往往也很难读。例如我国哲学界老前辈郑昕先生写的《康德学述》，虽然阐发康德思想十分精详，学术水平相当高，超过许多洋权威的同类著作，但这本书就很难读。要读懂它，必须有一定的哲学素养，而这种哲学素养是大部分哲学爱好者所不具备的。

看来，接近艰深的哲学著作要分几步走。高等学校的哲学系科，设计有某种程序来完成这种步骤。对大量非哲学系科的、业余的哲学爱好者，无疑很需要提供一种读物，帮助他们完成这种步骤。问题在于，这样的读物可能写出来吗？写出来能完成期待于它的任务吗？

我一向认为，把大哲学家的哲学体系通俗化是不可能的。把一个哲学体系通俗化，意味着使体系简单化，以适应读者所具备的简单的思维框架。但是，人们之所以要读一本哲学著作，意图却是提高自己。所谓提高自己，在这里的含义是使自己原有的思维框架发展为较复杂、较精密的思维框架；而且还要循此前进，尽量接近大哲学家所具备的思维框架，直到有一天达到并超过它。可见，对体系做简单化的工作是不可取的，何况这样做实际上常常导致曲解。

然而，观点通俗化却是可能的。通俗化某些哲学观点，在某些场合下，意味着通过实例或比喻帮助读者领悟，并提醒读者：实例或比喻不过是桥梁，绝不可用来代替哲学思辨；思辨才是哲学的正宗。在另外一些场合下，观点通俗化则意味着通过循循善诱的讨论引导读者看清自己习以为常的观点之鄙陋所在。前者很难，后者则更难。难就难在改变观点。常有人说："你的说法我能理解，只是接受不了。"真的理解了吗？"接受不了"就说明在学习改换一种角度看问题上存在着障碍。如果真正理解了，只是不愿或不能接受，就一定能反驳。无法反驳说明并未理解。此时就要提醒读者，"设身处地，同情地倾听别人"，是读书的一条基本原则。不要急于反驳，先需努力体会。衡量一个人哲学素养高低的重要标准之一，便是他在接触一种新观点时有多少理解上的障碍。素养高者障碍少，素养低者障碍多。

多读书、多反思，障碍会日益减少。轻率的反驳只表明缺乏哲学素养。

哲学水平的提高，常表现为思维框架的改造，而思维框架之改变常常由几个基本观点的突破引起。这样看来，通俗化若干基本的哲学观点，是引导读者接近一个艰深的哲学体系的有效途径。

我不敢说，我有能力写一本书帮助非哲学系科的大学生和其他的业余哲学爱好者接近康德的《纯粹理性批判》。因为这是人类历史上最难懂的几本书之一，而我本人又是学力浅薄，刚入哲学之门，尚未登堂入室。不过，无论如何这是一项值得尝试的事业。每每看到一些爱好者争论终日而不得要领，反映出对一些基本观点缺乏深思，痛感人们忽视基础其后果就是浪费精力，因此不禁想呼吁注重基本问题之研究。我把自己读这本书的一些体会贡献出来，或许能起点作用，也算是一种帮助。

那么，就试一试吧！

这里要强调的是：谁想深入地了解哲学，他就必须懂康德；谁想真懂康德，他就必须亲自啃原著，最好啃德文原著。我这本小册子称作"导读"，当然不是读书指南之类。我没有资格写关于《纯粹理性批判》的读书指南。写这类东西对作者的要求太高，不仅要求很好地消化该书内容，还要求有丰富的教学经验。对《纯粹理性批判》的"导读"，我只想提出下列两项目标：1. 引起阅读康德原著的较强烈的愿望；2. 消除对康德原著理解上的主要障碍。至于这本小册子另外还能起到哲学入门的作用，则是我不敢奢望的了。

哲学还要为人类探求安身立命之本

人所共知，康德是一个伟大的哲学家，但对他伟大在哪里，伟大到什么程度，许多人都不甚了然。

在我看来，哲学有两大效用，一是上面已指出的，即教人们正确地说话；另一是为人们探求安身立命之本。长期以来，人们解释哲学为"爱智"、教人聪明之学。如果对"智""聪明"做正确的解释，这么看本无错误。可惜的是"智""聪明"全被解释为"知识"（或曰追名逐利的本领），用康德的哲学术语来表达，"智"被看作理论理性。这样一来，哲学就成了教人老谋深算、诡计多端的学问了。其实，"智""愚"的本来意义是在道德方面。苏格拉底谈哲学，意在引人向善，"爱智"等于"爱德"。不但古希腊的贤哲如此，中国古代思想家也如此。孔夫子所谓"上智下愚"，皆从德性立说；班固《汉书》的"古今人物表"也据此分善恶之等级。与黄帝大战于涿鹿之野的蚩尤，据古书记载，是很有才能的。他既精通天文学，连黄帝都要向他学习，还会用金属制造武器，在当时于科学、技术两方面都是最先进的。但由于他是个叛乱头子，是个大坏蛋，"古今人物表"把他列在第九等"下下愚"之榜首。我国当代大哲学家熊十力认为，"愚人不是指无才智之人而言。如历史上凡有大才力造作滔天大恶业者，以慧眼观，皆是愚人"。这话把中国传统思想中的"智""愚"的确切意义讲得十分清楚，他的哲学所着重用力的也正是引人向善。

用康德的哲学术语表达，这是在谈实践理性。

康德所处的时代，正是西欧科学技术日渐昌明，人的自我意识日渐觉醒的时代。这无疑是一个进步的时代。不过，进步并不全面，有偏颇之处。偏在何处？偏在对"理性"的看法上。人们常称那个时代为"理性抬头的时代"。但是，在康德之前，理性主要被看成理论理性。典型的例子是培根的口号"知识就是力量"，似乎掌握了科学技术人类的境况就能无限地改善。

结果却与人们的期望相反。诚然，由于对付自然的本领有所提高，人们的物质生活条件改善了，但是运用对付自然的那些原理处理人与人的关系却导致了社会风气日益败坏。因此卢梭率先提出，科学导致了人类的堕落。

科学技术发达了，人类的境况却在变坏！可见社会环境也是不可忽视的！

哲学的使命既然是为人类寻求安身立命之本，就不能不探索出现这种情况的根源，并指出解决问题的根本方向。

根源在于过分看重理论理性。科学技术本身无辜，问题出在把科学技术的原理用于处理人与人之间的关系上。所谓"科学技术的原理"即理论理性。理论理性用于自然是正当的，但如果用于处理人与人之间的关系（这个领域，按康德的术语，称为"自由"），就要出毛病。这不等于说在自由领域不能用理性。理性还是要坚持的，只是不作理论的使用，而要作实践的使用。换句话说，就是在自由领域理论理性必须止步，必须让位于实践理性。

这就是解决问题的根本方向：提出实践概念，把实践理性置于理论理性之上。

这是一个划时代的伟大贡献。

在康德之前，不但英国的经验派片面崇尚理论理性，其典型的代表人物洛克，企图以感觉论证上帝，即在理论理性的基地上建立道德、理想、信仰；而且德国的唯理派，也陷入理论理性而不能自拔，例如莱布尼茨，尽管有马丁·路德宗教改革倡导良心为其前驱，但他却未能在哲学中为良心找到基地，仍局限于以理论理性论证上帝。更不用说，古希腊哲学和中世纪经院哲学，在涉及道德、理想、信仰时，主要靠扩大理论理性的领域。

这部分哲学称为形而上学。这里的"形而上学"不是指与辩证法对立的世界观，而是指关于上帝、灵魂不死、自由的哲学部门，是关于道德、理想、信仰的哲学。[1]

康德为自己确定的任务是重建形而上学，但不少哲学家说，康德主张摒弃形而上学，搞科学哲学（即阐发理论理性）。这真是南辕北辙。康德要挽救世道人心，怎会不要形而上学？康德只是反对把形而上学只单纯建立在理论理性的基础上，主张把它建立在兼顾理论理性、实践理性的基地上。[2]

过去的形而上学是扩大理论理性的领域，侵入实践领域。所以，康德的第一步工作是为理论理性画一条界限，以限制它的使用。阐发理论理性是为了限制它！可见，科学哲学根本不是康德的意图所在。

康德本人在1770年以前（哲学史上称之为"前批判时期"）还站在旧哲学立场上，与牛顿一样，是个自然神论者。他精通自然科学，迷信"知识就是力量"，看不起不懂科学的劳动人

---

[1] 形而上学是 *metaphysica* 之译名。形而上取自《周易·系辞》"形而上者谓之道，形而下者谓之器"。察亚里士多德本意，*ta meta ta phusika* 着眼于研讨万事万物归结为形（形式）还是质（质料、物质）。而《周易·系辞》形之义兼形、质。可见，按《周易·系辞》义，亚里士多德 *metaphysica* 关注的属于形而下领域，译为形而下学方称相当。本书依约定俗成把 *metaphysica* 译为形而上学。*metaphysica* 基本设定为：一切变化为自身不变的"变化者"之变。换句话说，*metaphysica* 认定有自身不变的"变化者"。这种设定与人们自发的观点相合，所以容易被接受。
[2] 康德称重建的形而上学为先验哲学，这就是说，他把哲学建筑在对人的心智能力建构各种命题的先验性研究上。

民。说来真是"忘本"——他本人的家庭出身是手工业者！后来，他读了卢梭的著作，在哲学上发生了一个飞跃，改变了立场。据说，他读《爱弥儿》入了迷。康德自幼身体孱弱，十分注重养生，办法是制定一套作息制度，严格执行，邻居们可以根据他的活动校对自己的钟表。但读《爱弥儿》的那几天，他完全打乱了生活规律，足不出户，一口气读完了这部书。至于卢梭对他思想的影响，可以从他的这段话看出来：

"我自己爱好研究，具有极强烈的求知欲，急切地要获得知识，每前进一步都感到满足。有一个时期，我相信这都会促进人类的繁荣。我蔑视无知的贱民。卢梭纠正了我。骄傲的优越感消失了，我逐渐尊重人类。如果我不相信这种思考能够使我承认其他一切职业有价值，即重新确定人类的权利，我想我自己还不如一个普通劳动者那样有用。"

他不再迷信科学的威力。他领悟到处理好人与人之间的关系比征服自然更重要，提出了"德性就是力量"的口号。他那浸透了新教传统的家庭，通过虔诚的母亲带给他的影响，终于显现了出来，化为哲学学说。

这绝不等于说，康德主张人应当匍匐在上帝脚下，屈服于统治者的淫威。他倡导的德性是自律。人必须有尊严，才能真正有道德、理想、信仰。按照自然神论的观点，德性是根据一个发自社会权威的命令行动。显然，这是他律。理性仍在作理论的使用。只有使理性作实践的使用才有自律——用我们今天的话来说，叫作达到了"自觉"的境界。于是康德说：人是目的。他的哲学体系终止于人类的理想。

总之，康德的伟大之处在于重释实践理性概念并主张实践理性优于理论理性。由于他的前人都偏重于理论理性，并把上帝（即道德、理想、信仰）与自然（包括人的肉体、情欲）挂起钩来，他的首要任务便是搞清楚理性的理论使用应有的范围——这也就是说，要给理论理性画一条界限；要区分出一个不同于自然的领域，并从哲学上证明，上帝应该住在这个领域——自由领域。

我想，这就是《纯粹理性批判》一书要实现的主要意图。

本书要讨论的四个问题

为了达到前面讲的带领读者接近《纯粹理性批判》的目标，这本小册子只想通俗化几个基本观点，这几个观点也就是我打算讨论的具体问题。

人们大多以为，康德在前批判时期（1770年之前）是唯物主义者或唯物主义倾向较强,而批判时期是二元论者或唯心主义倾向较强,因而在哲学立场上是倒退了。我的看法与此不同。我认为,前批判时期康德还持"上帝造(自然)物"观点,经过批判,他把上帝逐出了自然界,并且褫夺了上帝作为造物主的身份——上帝被他改造为道德哲学之公设。用伟大的德国浪漫诗人海涅的话来说,康德的《纯粹理性批判》是砍掉了自然神论头颅的大刀[3]。这样看来,康德的哲学立场是进步了,而不是倒退。那么,康德砍掉自然神论的头颅——上帝——有哪几个支撑点呢?

首先,他提出,科学知识的对象,不是独立于理性的"物自体",而是由理性做出来的。这里的"理性"是广义的,包括感性、知性、理性(狭义的)等环节。须提醒注意的是,康德并不否定独立于理性的物自体(在此,物自体相当于我国现时流行哲学中用"物质"概念所指的"独立于意识存在"者),他仅认为这物自体不是知识中的对象。他的这个观点是否荒谬,请读者先不要下结论。等了解了他的学说之究竟,再下断语不迟。在此我只想指出,他以这一学说否定了自己早期所持的"上帝创造物质"的论点。由此,这本小册子先要讨论"对象"概念。

---

[3] 海涅:《论德国宗教和哲学的历史》,海安译,引自《海涅选集》,人民文学出版社,1983年,第292页。

其次，他提出，知性为自然界立法。这一学说向来最受抨击。不过，我同样希望读者冷静下来，倾听一下康德说了些什么，而后再下判断。这里不妨先做如下提示：康德从来未曾主张，人类的知性能为独立于理性的"物自体"立法（即制定规律）。他认为，物自体不可知。这里面包含着知性不与物自体打交道的意思。既然如此，怎么可能为之立法？有人把康德的学说解释为：知性搞出一些规律，强加给独立于理性的物自体——即物自体的规律是由理性创造并赋予的。这纯属歪曲康德。因为他所谓的自然界不是指物自体，而是指感性表象。他说的"知性为自然界立法"包括如下两层意思。1. 知性与之打交道的是感性表象。2. 把杂乱无章的感性表象整理成知识，就是赋予形式——判断；判断形式不来源于感性，更不来源于（广义的）理性之外，而来源于理性的另一个环节——知性。康德这一学说否定了自己早期所持的"上帝把规律赋予物质世界"的观点[4]。由此，我的这本小册子还要讨论"知性为自然立法"的有关问题。

康德还提出了"物自体"学说。这个学说远远不像一些康

---

[4] 请读者留意：此处按流行哲学讲法称谓。康德在前批判时期的"物质"概念（实则为物理学概念）所指者与批判时期的"物自体"概念所指者部分相当，而与批判时期"物质"概念所指者迥异。"物质"概念的意义在两个时期差异很大。

德专家所处理的那样简单。前面已经提到,物自体相当于时下流行哲学所说的"物质",指那独立于思维、意识的客观实在。其实,康德的"物自体"一词除了确有这种含义以外,还有其他所指,例如,常用它来指上帝、灵魂。一个词有几个所指就引出了毛病。这是康德哲学的一大漏洞。不过,说物自体学说表明康德有唯物主义一面,无论如何是不妥当的,除非把肯定上帝的存在也看成唯物主义。

这里涉及思想方法问题。举一个例子,一个童话中记载了如下对话:

> 耗子莫里斯对遇到的一头牛说:"你是个怪模怪样的耗子!"
> 牛说:"我是牛,不是耗子!"
> "你长了四条腿和一条尾巴,还有头上长的东西。你就是只耗子!"
> "可是我叫'哞'!"
> 莫里斯说:"我也能叫'哞'!"
> 牛说:"我能给人们牛奶。耗子不能做这事!!!"
> "那么,你是一只能够给人们牛奶的耗子!!!"

这个童话意味深长地展现了一种以自己为尺度来看待、衡量一切的思想方法。值得引出的教训是，谈论一个哲学家，最好不要用类名词帮他站队，也不要用类名词去分解他，而后把切下的各块放入不同的队伍。大哲学家之所以成为大哲学家，在于他们把各种思想材料依照新原则大体上熔铸为一个整体。水就是水，不是有氢气，还有氧气。康德就是康德，不是一半莱布尼兹加上一半休谟。

但是，一个词有几个迥异的所指却是要讨论的，因为这暴露了熔铸时所依据的新原则之不够完善，而毛病就在于混淆了概念。这是在一个平坦大道上不那么显眼的橛子，不少康德研究者在走过它时被绊得栽了跟斗。对初学者，这个小橛子尤其可怕。不把它拔掉，就很难前进，更难由此理解康德的创见之价值——怎样砍掉自然神论的头颅，怎样实践地运用理性。

由此，这本小册子还要讨论两个问题："本无"意义上的物自体，"意会体"意义上的物自体。

以上四个问题涉及康德《纯粹理性批判》一书中的几个基本概念和一些基本观点。需要再次提醒本书读者的是，讨论清楚四个问题仅仅是为直接读《纯粹理性批判》做准备，绝不可以此代替阅读康德原著。如果关心哲学的读者，读过本书之后，不再追求对细枝末节的具体问题进行无结果的争执，而折回头去钻研一两本基本著作，比如康德的这部划时代巨著，那么，我的劳动就算有了成绩。

一、对 象

人们一般认为,对象在我们之外存在着,或者说,对象独立于思维存在着。康德主张,对象不是独立于思维存在着的。他进一步主张,对象是思维做出来的。

这岂不是主张思维创造物质?

且慢!"做出来"不等于"创造","物质"到底指什么也需要澄清。必须把每一个词的含义都搞清楚后再下断语。黑格尔说过,熟知并非真知。这句话人们已熟知了,可惜也未真知。我们日常使用的许多词,它们的真义,其实从来未搞清楚过。于是大量的所谓哲学讨论只不过是浪费精力而已。我们应该时刻记住:几乎每一个常用的哲学术语都需要清洗一番,切勿以为熟悉它就等于把握了它。为了容易理解,我不免先按常识的意见使用一些术语;不过,紧接着或稍后,就着手清洗它们。我的责任是讲明白康德的思想,至于孰是孰非,则留给读者自己去判断。

这绝不等于回避难题,更不等于否认"物质客观存在"。当年费希特提出"我创造非我"学说时,有贵妇人诘难道,难道你不承认自己太太的存在吗？她们只会说些俏皮话，没有懂、也不愿去深入领会"我"究竟何指，含义如何，这一学说对于振奋德意志民族的精神会有何等巨大的作用。想来，大家不会认为，那些智慧超人、德行卓著、热切关心民族和人类前途与命运的伟大哲学家，竟会蠢得连贵妇人也不如，去否认独立于思维之外者的存在。连贝克莱也不会在一辆马车飞驰而来时不急忙躲开，而是闭上眼睛、塞紧耳朵，就逃过了车祸。哲学家只是竭力把话说得没有毛病，以便于为人类安身立命。尽管由于种种局限，一个又一个大哲学家的学说总会有这样那样的毛病，以致总有后人起来批判他们，提出新学说。但我们仍需尊重他们，不要夸大他们的毛病、丑化他们，使这些杰出的志士仁人显得似乎比三岁儿童还要无知。

1. 我们的研究对象是物还是概念？

请问，物理学的研究对象是物体还是物体概念？

不少人会毫不迟疑地回答：当然是物体！

错了。物理学研究的是物体概念。

再请问，物理学的研究成果——定律、原理等，是物体的自身规律还是概念之间的联系？

有些人又会立刻回答：当然是物体运动规律！

又错了。应当是概念间的关系。

对第一个问题的解答，理由如下：

我与你同样主张，在思维之外独立地存在着物质。但我说这话时有两点保留：第一，"存在"这个词用在这里并不妥当；第二，"物质"这个词如此用也不准确。只是因为大家一向都习惯了这么说，而且说这句话时大体的意思彼此都能了解，就姑且这么说吧。但是，前面已说到，哲学的第一效用是研讨怎么说话才不会导致出毛病。因此，对这两个词我们在以后还是要作一番清洗。本书第三部分要提出的"本无"一词，就是试图使说话更少毛病的一种努力。在此只能先提示一下：上述说法是不准确的，是哲学水平还不够高的表现。人们习惯了解的"大体意思"，其实是很模糊不清的。

我也同意物质体现为众多的物体这个主张，当然也认为物体在思维之外独立地存在着。

现在我要问你：物理学是否属于思维，或者说是思维的产物？我想，你总不会说物理学是物体（或物质）吧？你会同意"物理学研究是一种思维活动"吧？在这一点上，我们之间也不应有分歧。

既然物体在思维之外独立地存在着，那么，它能进入思维吗？哪一本物理学著作中的"物体"二字会变成物体从书中掉出来？哪一个物理学家在思维物体时会不时地有物体在大脑里

一、对象

进进出出？

你该同意，物理学研究的是概念了吧？

这个问题我们比较容易取得一致意见。第二个问题要困难一些。

我们都主张，在思维之外独立存在的物体有它自身的运动规律，这规律同样是独立于思维的。

许多哲学家都批评一种观点——主张"物质消灭了，只剩下方程式"的观点。这种说法确需批评。我吃饭时吃下的的确是"独立于思维者"（姑且称作物质），而不是方程式。然而，在我讨论饭时，或思维饭时，所说或所想的却可以是一堆方程式——在某门学科中这堆方程式等于饭。"想"这个词也需分清不同意义。日常用法把"想问题"和"想吃饭"两种不同意义的"想"用一个词来表达，前者为思维，后者为意愿。即在"意愿"意义上，也有不同。一是饿了，另一是谈论这种情况，后者或为某门学科（例如生理学）之研究，因而成为概念，或为了有人送来"独立于思维者"的饭——当然，惨叫一声或不断呻吟在一定语境下也会取得同样效果，不是非说话不可。

简化一下，吃饭，吃的是"独立于思维者"（物质），说饭（包括说"吃饭"——我现在不是正在说"吃饭"吗？），说的则是概念，而概念有时是可以用方程式表达的。

但是，物理学的研究成果确确实实的只是一些方程式，或最简单的几何形体之结构体。更广泛地说,物理学的定律全是命题,物理学的理论全是命题之组合。(方程式也归入命题。)而命题正是思维形式配上概念组成的。何为"思维形式"?我想用"句型"作比。我们学外语时经常接触到"句型",老师讲解句型时,都要给出几个实际的句子,句型是不能直接让人看见或听见的,只能通过例句来显现。把某些词按照句型连接起来组成的例句,是可以听见、可以看见的,通过例句就能体察到句型。思维形式相当于句型,概念相当于词。思维形式同样不能直接给出,只有命题才能给出。思维形式通过命题显现,从命题能体察出思维形式。

不用说不能给出思维形式,连一条直线也不能给出。你说,我用铅笔和直尺能绘出一条直线。我说,那不是直线!不信吗?请拿放大镜或显微镜来,你看看,它直吗?它的边缘齐整吗?哦,它成了曲线。不止于此。直线者,无宽度也,否则就是面。但是,在显微镜下,你画的那条"直线"分明是面:它有宽度,还有厚度哪!你画的是体!我只能从这个怪模怪样的体,体察出你意图给我的是一条直线。你只是用这个体向我显现直线。直线只存在于思维中,在现实中不会有直线。只要放大倍数足够,现实中任何最称得上直线的线都不直了,而且都不是线。

切勿把思维中才存在的当作现实中也可能存在的!

回到原来的话题:那么,物体自身的运动规律是否与思维

一、对 象

形式完全一致呢?

恐怕谁也不敢断言,物体自身的运动规律一定同方程式一模一样。恐怕说"物体自身的运动规律归物体自身,独立于思维,而方程式归思维形式,从属于思维,二者是两回事",更接近于实际情况。

看来,主张独立于思维的物体运动规律不会与思维形式(包括方程式)符合,更为实事求是。

科学不论发展到何等程度,总是思维之产物,总由一系列命题构成。实在难以想象,有那么一天,科学不再用语言(包括数学)来表达,而换用一套全新的东西来表达。而且,看来当今世界没有人想象得出不用语言的科学,大概未来的人也创造不出不用语言的科学。

如果同意以上说法,就应该同意:物理学的定律、原理等,是命题,亦即概念间的关系或概念按某种思维形式之联结,而不是独立于思维的物体运动规律。进一步说,还应该同意:物理学得出的永远只能是命题,因而物理学的定理、原理永远不会同物体运动规律契合无间。有一派画家主张摹拟,画得越像越好,因而采取透视法、解剖学。然而,无论画得怎么像,总不能说勾描的线条、涂抹的颜料就是肌理和肤色。细看看,是很不像的。岂止不像,简直不知为何物!物理学至多可以说成意在摹拟,依照它的理论去行动得到的效果无论怎么令人满意,也总不能说那些方程式和几何形体就是物体自身及其运动规律。满意程度高并不能改变物理学的本性。画得再像的眼睛,用解剖刀去划开,也只会露出画布,而不会露出玻璃体。

这样,在第二个问题上,我们能取得一致看法了吧?

总而言之,我们的研究对象是概念而不是物体。现在,请牢牢记住这个结论,并且要反复领会、深入掌握。否则,是无法谈哲学的。

2. 物是物自体还是概念?

到此为止,我还是把"物体"看作等同于"独立于思维者"。现在,轮到它被清洗了。

请考虑这个问题:物体存在吗?这个问题的正确提法应该是:说"物体存在"在哲学上正当吗?或"物体存在"在哲学上是一句正确的话还是一句错误的话?

对这个问题的讨论要分两步进行。先讨论"物体",再讨论"存在"。本节讨论前者。我们先把"物体"改写为"物",以期减少物理学味道,显得哲学味浓些。再把"物体自身"改写为"物自体",以期合乎《纯粹理性批判》中的习惯用法(这个词也有译为"物自身"的)。这样,关于物体的问题就成为——"物"这个词到底指什么,指物自体还是指一个概念?

一、对　象

我仍采用老办法：先找几个你我都同意的论点，然后引出一个你原先并不同意的论点，倘若你不想违背逻辑，就非接受它不可。

按康德的看法，物也是概念，也是对象之一种——自然对象。（后面还要谈到，"物"也用来指灵魂、上帝等。目前我们且把"物"同自然对象等同看待。）

这就是说，前面把物体与作为概念的对象区分看待是不妥当的。康德用了一个专门术语"物自体"，表示与对象截然不同的那个"独立于思维者"。

这就是说，按康德观点，物是概念，不是物自体。这个观点对了解康德哲学十分重要。

例如一块石头，当没有任何人看见它、触动它、认识它、使用它时，它在那儿。甚至当还没有人时，它也在那儿。这是物自体，也即独立于思维者。对这一点，不但我与你的意见完全一致，康德同样是如此看的。现在看看人类是怎样同它打交道，对它的看法又是怎样演变的。

人类先是偶尔用它击落树上的果子，击打野兽等。

而后把它打碎，或加工磨制，做成石刀、石斧。

又发现它很美丽，可用作装饰物。或许，先是用于巫术活动，在祈神仪式中充作一件祭物，后来转作辟邪用的护身符之类的东西，再后来才抽象为装饰品，像今日某些时髦男女不信基督教却喜欢挂一个金质十字架在脖子上一样。

后来发现它可提炼出金属，称之为矿石。

物理学、化学兴起后，它的晶格、分子结构被发现了。

…………

就这么一块石头，人类对它的使用和看法，经历了漫长的岁月，变得如此丰富和复杂。而且可以设想，这一过程还远未终结，未来的人类对它的使用、看法，将更为多样。

无疑，在最初用它击落树上的果实时，这一石头就是物自体。谁以为凭着心中形成的一个概念就可以击落树上的果实，他就是个空想家。康德当然不是空想家，不会有这种愚蠢的看法。

然而，那时人们说"那块石头"时，他们心目中所指的是什么呢？

是用以击落果子的沉甸甸之物。

他们完全未顾及它的其他用途，更不会知道它的分子结构、晶格等等。

稍后，把石头制成刀、斧之后，人们说"那块石头"时，他们心目中所指的已多了一点内容。

…………

现在的人，说"那块石头"时，所指内容就远远超过了以前的时代。（这里不涉及语境之类的问题。）

一、对　象

可见，人们谈论的石头，同所谈论的石头之自体，是完全不同的两回事。物自体与思维、语言毫无关系，它独立于思维之外。人们谈论的石头，即在语言和知识中的石头，已是概念（或曰对象）。

其实，到此为止，所讨论的问题与上一节大体相同，指出研究对象是概念而不是物自体。与上节比，多了一点东西，即引进了一个新术语——物自体。这是康德引进哲学中的术语，现在已成为哲学的行话。这个术语的效用在于，强调独立于思维者同我们语言中、知识中的"物"是两回事，切勿把二者混为一谈。

物自体当然不能被研究。不能思维物自体。理由很明显：物自体独立于思维之外，不在思维之中；可以被研究的只能是在思维中的物（即对象、概念）。

按照这个观点，人们平常说"物质可以认识"就是有哲学语病的句子。"物质"这个词指"独立于思维者"，即物自体。要消除这个语病，办法之一是把"物质"一词用来指"在思维中的概念"，康德采用的便是这个办法。康德认为"物质是心创造出来的"，意思是这个概念是心创造的，可不是主张心能创造物自体，千万别误会。概念当然是心产生出来的，这并不错。可悲的是，不少人没有读懂就轻易地下断语，乱批一通，胡辩一气。康德是非常实事求是的，而且相当细致，读他的书一定要十分细心,区分各个概念的意义之究竟,切忌轻率。

此外,康德使用"认识"一词同我们时下的用法也有所不同。

康德用"认识"一词意义较窄,一般指形成科学概念和推衍这概念产出大量科学命题,大体上相当于我们今天说"从事自然科学研究"这句话时"研究"一词之意义。

所谓的"研究"指什么?研究的主要程序是推理,用现代术语说,叫作"逻辑运算"。在理论研究中,这很容易领会:无非是命题运算或词项运算(称作谓词运算);在实际研究中(或曰经验研究之应用研究中),实质也相同。应用研究的前提是有一个理论。如果没有理论,就需先做出一个理论。如果理论不合用,就需先做出一个新理论取而代之。众所周知,爱因斯坦就是看到原有理论不合应用而造出新理论并因之名扬天下。理论是什么?一个命题体系。理论的应用,是应用于物自体吗?不是。只能把理论编制成程序输入计算机,而不能把一个物自体塞入计算机去运算。输入数据有着一定的规则、顺序,因而输入的乃是命题。这就是说,理论只能应用于一个命题。应用研究实质上是把一个命题从理论(这个命题体系)的某一端输入,再在理论内部运算处理,从另一个某端输出以求检验。输出的也是一个命题,不会是物自体。检验是把输出命题与一个在理论外面的命题相比较,而不是与物自体比较。

应用研究中输入理论的命题,称作"观察命题"(当然也

一、对　象

可通过实验得到），乃是研究者观察物自体之后得出的。这是命题，不是物自体。人们研究的是命题而不是物自体，正因为如此，才会不断地在同物自体打交道中（即实际生活中）碰钉子。不过，这里不去讨论有关的具体问题，我们要注意的是"研究"之意义。

总之，科学研究，无论是理论研究（包括一般理论研究和应用理论研究）还是实际应用研究，从哲学观点看，都是逻辑运算。

因此，我们只能研究概念、命题，不能研究物自体。

所以，康德说，物自体不可以认识。请注意他用"认识"一词之意义。

人们说"物质可以认识"时，如果指从物自体得出观察命题，而后把这命题输入某个理论进行运算，再检验输出的命题——把它同另一个观察命题相比较，那么，大体上也可以。只是要指出，这么讲还是有点小毛病的，需要进一步精密和完善。

不过，这里有个关键问题：命题，包括观察命题，是怎样做出来的？康德把这个问题提得更为一般化，叫作"先天综合判断是怎样可能的？"。

我们去观察时，通过感官得到的感觉是一堆杂乱无章的东西，康德称为"杂多"，它绝不是命题。要成为命题，必须具备形式。康德指出，这形式乃是判断和空间、时间。他把命题分为两个方面，一为材料，即杂多，另一为形式，即空间、时间（他的术语为"直观"）和判断（术语为"概念"——为与前面讲的概念区别开来，称之为"纯粹概念"，前面的改称为"经验概念"）。通过感官得到的只是材料，没有形式。因此，通过感官得不到命题。而所谓"知识"乃是大量命题和命题体系。故要得到知识，必须在感官之外再找到一个来源——提供形式的来源。这就是康德的"知识两来源"学说。

同样，"物"是有形式、有材料的概念。现在，我们称这样的包含着感觉材料的概念为"经验概念"——对应着"经验对象"。

关于"知识两来源"说，这里不再深究。本书第二部分第3节，将详加讨论。

3．物存在吗？

上面已讨论清楚，"物"这个词在康德哲学中指经验概念或经验对象，而不是指物自体。要弄清物存在与否，就得讨论余下的问题：在康德哲学中，"存在"一词之意义。

须强调的是，说"物存在吗？"容易令人生疑，以为康德否认独立于思维者。其实，这是问题的提法有毛病，康德本人未曾如此提过。我之所以这样提问，是因为不少人误解康德，

一、对　象

以为他否认物之存在。

上面已反复指出，康德从未否认过物自体。事实上，对他来说，要解决的问题是尽量把话说得没有哲学语病。

请看下面两句话：

物存在。

物自体存在。

初看起来，两句话都对。"物自体存在"大体相当于我们常说的"物质存在"，当然应当主张这句话正确。它表达了我们对独立于思维者之肯定和承认。而"物存在"也应当正确：我们一向在自然科学研究中说研究对象存在。

但是，"物"是在思维之中的、由思维创造出来的一个概念。即使有的读者暂时不同意"创造出来"的说法，总还承认它在思维之中。而"物自体"是独立于思维者，思维绝对不可能创造出它来。康德早期当自然科学家时，主张物质是上帝创造的，那时他用"物质"一词指独立于思维者。然而批判时期他放弃了这一观点。

把"存在"一词分别与这样两个词连用会产生意义上的混淆。

按我们的习惯用法，"存在"一词只可用于独立于思维者。我们常说"物质存在"，就是证明。实质上，这是中国的哲学传统。

于是，说一个在思维之中的概念也"存在"，就不妥当了。

至少，我们中国人不习惯如此说话。

无论如何，可以断定，"物存在"与"物自体存在"只有一个能成立。换言之，"存在"一词不会用于两种场合且都妥当。

由此，便可了解"存在"一词之意义。

搞清这个问题是很重要的，许多哲学上的争论都出于用词不当，或曰出于未弄清重要的词的意义之究竟。在一些争论中，一会儿把"存在"与"物"连用，一会儿把"存在"与"物自体"连用，这样做实质上是在偷换"存在"之内涵而不自知。

在康德哲学中，"存在"一词的用法与我们时下的习惯恰好相反。这就是说，"物存在"无哲学语病，"物自体存在"虽合乎语法，却不合乎"哲学语法"，在哲学上有语病。

你可能会问：这么说，物自体不存在喽？

不。"物自体不存在"这句话仍然有哲学语病。"存在"这个词根本不可与"物自体"连用。语法上出毛病不是加个否定词就可纠正的。物存在与否是个事实问题。英国大哲学家罗素喜欢举一个例子，说"法国国王存在"是一个错句子。因为众所周知，法国现在是共和国，没有国王。这句话就错在它违背事实。然而，从哲学语法看，它却没有毛病。"物自体存在"不在于是否是事实，毛病出在哲学语法上。这里涉及普通逻辑与先验逻辑之区别，罗素未能弄清"存在"一词之意义，原因是他始终搞不懂先验逻辑，一直局限于在普通逻辑上看待"存在"之意义。因此,尽管他在逻辑研究中很有贡献,提出了"摹状词"学说,但在哲学上终究够不上大师级别。

本书不讨论先验逻辑的细节,有关的深入探讨要通过以后精研康德原著来进行。此处仅讲一个哲学史上著名的争论,并稍加说明。

欧洲中世纪的经院哲学关于"上帝存在"有过许多证明。一个相当著名的证明就是由坎特伯雷的大主教安瑟伦(1033—1109)作出的由上帝的概念推演出上帝的存在。他的证明在哲学史上被称作"本体论的证明"。僧侣高尼洛对安瑟伦的证明提出了如下反驳:如果同意安瑟伦的证明,那么我们同样可以证明一个想象中的美丽岛屿(它是概念)的存在。我并不同意安瑟伦的证明;同时,我也不同意高尼洛的反驳。高尼洛把上帝与美丽的岛屿看作同类概念是错误的。美面的岛屿存在与否是一个事实问题,这与罗素的"法国国王"之例同类。上帝则与事实无涉,是不可谈论他的存在与否的。换言之,"存在"一词不可与"上帝"连用;"上帝存在"和"上帝不存在"都是有哲学语病的句子。不是"上帝存在"这个命题正确或错误,而是"上帝是否存在"这个问题提错了。"上帝存在"和"上帝不存在"二者都是在哲学语法上错误的命题。一个在哲学语法上正确的句子之对与错,要由事实来检验。而"上帝存在"与事实论证毫无关系。

按康德使用"存在"一词的意义,"物存在"是哲学语法正确的句子,"物自体存在"是哲学语法错误的句子,或曰这在哲学上不成为句子。

康德的这一学说,在西方哲学史上是一大发展。在康德以前,直到莱布尼茨,一向把"物存在"与"物自体存在"混在一起未加区分。康德出自莱布尼茨—沃尔夫学派,反戈一击,正中要害,一系列问题随之有了澄清之依据。

究竟"存在"之意义何在?

上面的讨论已有所触及:关乎事实与否。

不过,这么说不是很明确,人们可以追问:何谓事实?须知,"事实"一词也是要拎出来清洗一番的。

现在清洗"事实"一词比较简单了。我先问:"事实"独立于思维还是在思维之中?或换个提问方式:"事实"指物自体的运动或变化,还是指一个句子?

我们通常说,"事实证明……",何谓证明?"证明"之意义乃是在一个理论体系内进行逻辑运算;这还不够,还需输入一个或几个命题。所谓"事实"正是输入于理论体系的那个或那些命题。也就是说,"事实"指一个句子。人们常自以为"事实"指物自体的运动或变化,却忽略了一点,那就是独立于思维的,无法用来做证明。分清"事实"一词的两种用法,并且严格限定用这个词指一个句子,是很要紧的。

一、对　象

　　这是清洗"事实"一词得出的第一点结论。对于说明"存在"一词之意义，单有这一点还不够，还须补充一点。

　　第二，事实一定含有感觉材料。

　　凡是事实，一定是经验命题。这不是说，一定是经验中有的，而是说，一定是经验中可能有的。经验命题指的是性质上可以根据经验断定其成立与否的句子，并非指经验过。例如美丽的岛屿和当今法国国王，它们是"可能经验的"，即根据经验可以肯定或否定的（这两个例子都属于否定的），却不是"经验过了的"。"当今法国国王存在"是经验命题，但由于经验不到，就不是正确的命题。请注意，康德哲学中"可能的"一词相当重要，在现代哲学中影响很大，这里谈这么一点是远远不够用的。读者若要深究，需要再读其他材料。

　　经验命题是含有感觉成分的句子，因而，谈到存在，一定是感性存在。换言之，"存在"一词只能用在可能经验的场合。这样用，在哲学上没有毛病。当然，这并不意味着造出的句子可以成立。"当今法国国王存在"这句话，没有哲学语病，是"可能经验的"；但经验不到，因而不能成立——人们说，这句话"不合事实"，就是说它与人们的观察命题相矛盾。

　　因此，"存在"之意义乃是"可能经验"，即可能凭人们的感觉加以肯定或否定。

　　显然，物自体在经验之外——它不是经验，因而不得与"存在"连用。允许与"存在"连用的，不仅仅要在思维之中，而且要是可能经验的，因为在思维之中者或许不包含感觉成分，而在可能经验中的一定包含感觉成分。

存在既然是感性存在，就必定与可能的感觉相关，因而与人相关。存在不独立于思维，也不独立于感觉。康德着重强调的是后者。

4．心外有物吗？

或许有人会质问：照此说来，康德主张"心外无物"啰？唯唯。否否。

依上面的讨论，至少可说，康德主张物自体在心外，物既然是经验概念，当然在心内。康德的这种主张，在我们这里大概不会遇到反对意见。

但是，在"心外无物"这句话里，"心"这个词却是尚未清洗过的。要清洗这个词，还需考虑清洗"主体"一词。

在清洗这两个词之前，有必要先论证研究语言学离不开哲学的道理。

何谓语言？或曰：怎样看待语言？人们对语言下过各式各样的定义，数量已不少。然而可能给语言下定义吗？问题未解决就讨论要下个什么样的定义，是否太匆忙了？然而，这个问

一、对　象

题不是语言学问题,而是个哲学问题。

"语言"一词所指大略有两类。一类指所有的词、词组、句、成语等等之总和,包括历史上有过而现在已不用的,即一切造出过的句子之总和。

另一类则是指产生这些事实的能力,即造出无限多的句子之能力。这种能力非同小可。儿童牙牙学语不久,词汇数量少得可怜,却已能造出大量句子,显示出造无限多句子之能力。考虑到那一切都是句子——科学、道德规范、法律、哲学、历史……全是句子之组合,作为造句能力的语言岂可小看!人类那么多非凡的创造发明,哪一样不先要设计?设计也是一系列句子。物质的生活、文化的生活——这生生不息的洪流,其源头都是语言。

过去,语言学家收集材料,加以排比、归纳,基本态度是把语言看作一切已有句子之总和。20世纪初,语言学的潮流有了转变,转向把语言看作创造、产生句子的力用。这种看法应该说是语言学家的看法,还局限于创生句子。若从哲学角度看,语言的创生力用还要扩大。语言简直是创造和产生整个人类文化和历史的力用,是生生不息的生命洪流之创生之源。

这样看待的语言,可能给它下个定义吗?一切定义均由它产生。它能反过来给自己下定义吗?

何况定义的传统方法是"种加属差",是普通逻辑的方法。

在这里，普通逻辑却是根本不能用的。

显然，作为"下定义者"的语言，自身却是不可下定义的。

"可能给语言下定义吗？"这是一个哲学问题。应当怎样看待语言，或曰，何谓语言，也是个哲学问题。语言学家应当关心这两个问题，因而不得不过问哲学。

心与主体之区别，恰恰在于，心是下定义者，主体是被定义者。换用康德术语就可更明确地表述：

心，行规定者；主体，被规定者。

目前我国谈论"主体性"已成潮流，与前些年李泽厚孤军奋战大不相同了。但是，主体一词之含义仍是多而混杂的。即使是发表了三个主体性论纲的李泽厚，也未确定他用"主体"一词指什么。从这三个论纲看，他的思想在发展，第三论纲已把"生生之谓易"搬了出来。由此看来，就国内而言，李泽厚仍保持领先地位。可惜的是论纲语焉不详，看不出他的见解是否达到了熊十力先生的深度。

因此，对"主体"一词作一番清洗，搞清康德的见解，现在仍不失为一种打基础的工作。

一般人使用"主体"，意义大略有二：

$$\text{主体}\begin{cases}\text{身体（物理的东西）}\\\text{心灵（心理的东西）}\end{cases}$$

一、对 象

生理学中研究的身体,是经验概念、物,另外还有独立于思维之外的物自体。心理学中研究的心灵,也是经验概念,但不是物。是否类似于物—物自体,有那么个对应的"心自体"?

$$\text{主体}\begin{cases}\text{身体}\begin{cases}\text{物理的东西}\\\text{物自体}\end{cases}\\\text{心灵}\begin{cases}\text{心理的东西}\\\text{心自体}\end{cases}\end{cases}$$

康德承认物自体,却不承认心自体。他主张心理的东西从属于物理的东西。这个观点,同我们常说的"思维活动是大脑这种特殊物质的属性"有类似之处。当然,是类似,而不是相当。实际上,"心灵"一词(也译为灵魂)在康德以前一般用来指心自体。

由于康德哲学中的"物"指物理的东西而非物自体,如果"心"指心理的东西,那么,"心外无物"就不是康德的主张。相反,他倒是主张"物外无心"的。

不过,先不要忙于下结论。

无论物理的身体,还是附属于身体的心理的东西,都是"被规定者",都是被做出来的。物理的东西,心理的东西,都不是物自体,也不是物自体的属性,更无所谓心自体。二者都是经验概念,或经验对象。对象者,客体也。不但物理的东西(肉体)是客体,心理的东西(灵魂)也是客体。二者都是被做出来的,都不配成为主体。谁做出它们,谁就是主体。然而,做出即规定，即"定义"。

行规定者才是真正的主体。

$$\text{主体} \begin{cases} \text{行规定者：心} \\ \text{被规定者} \begin{cases} \text{灵魂（心理对象）} \\ \text{肉体（物理对象）} \end{cases} \end{cases}$$

我们中国人常把心与心灵（灵魂）混为一谈。康德把它们区分得很清楚，用不同的术语表达：

心：Gemüt[1]。

灵魂（心灵）：Seele。

我们习惯上把"心"看作从事思维这种心理活动的机能。在康德以前，哲学家、神学家都把思维归之于灵魂，即心自体。康德早期是自然科学家，他同意心理学家们的看法，认为心理活动是身体的机能，不承认有灵魂存在。他采用"灵魂"一词，赋予了其他意义（本书第四部分对此将有所讨论）。按康德的看法，即使承认把我们的心理活动总括起来，做出一个"心理的主体""心理的自我"，也不过是个经验对象，是个"被规定者"。如果规定心理对象的行规定者，仍是这么个心理的东西，

---

[1] Gemüt 英译通常作 mind，多数中译者译为心，采取儒家心学的术语。然而现代德语中 Gemüt 已不常用。康德用此词含义极为广泛，很难给个概括解说。勉强为之，不如解说为意识能力。

一、对　象

那么，还要追问，又是谁在规定它？如此倒溯回去，永远到不了头。这显然没有解决问题。

要解决问题，就不许出现无穷倒溯。那就要有一件东西，追到它便"到此为止"。

这件东西被发现出来了，它就是"心"，行规定者。当然，它不可能被规定，因而，它是不可知的。长久以来，只要一提"不可知论"，人们就会感到这是一种荒谬绝伦的观点。其实"知"即规定。不可知即不可被规定。一个理论总要有几个在本理论体系中不可被规定的概念，否则，这个理论岂不要陷入循环规定？对一般的理论，它在体系中的不可被规定的概念可以找其他理论规定，哲学却不行。康德宣布若干基本概念不可知，是有道理的，不要轻易下结论否定之。学术研究与政治上的批判是两件事，两件事之间或多或少有些联系，总还是两件事，不是一件事。

心是行规定者，在这意义上，确是"心外无物"。心是创生经验对象的，物这个经验概念当然在心中。康德以前的哲学家中那些主张"心外无物"者，所说的"心"或是心自体，或是心理对象，因而他们主张的"心外无物"康德并不赞同。如果他们所说的"物"不指物理对象，而指物自体，那更荒谬，康德更不会赞同。

区别开心与心理对象，是有一定困难的，这里不妨根据康德哲学介绍一个简单的区别方法。这个方法就是看有无时间因子。何谓因子？这是借用数学、科学术语。心理对象是在时间中的，故曰它有时间因子。心理活动，无论思考一个问题，还是喜悦、感伤，都要花时间，因而要在时间中描述。一个感觉，总有延续，因而也有时间因子。

心却不同于心理对象，它不在时间中，它是无时间因子的。当然，更没有空间因子，不可用长、宽、高来描述它。心之活动是无过程的。这不是说，它的活动不用时间。"不用时间"还是在时间中描述，只不过消耗时间为零而已。"心之活动无过程"是说，与时间毫不相干。作个比喻，也许容易体会些。人们常说"爱情是永恒的"，这"永恒"作何解？一解为时间上无限延续下去。那可不得了。另一解为超时间的，或曰无时间的。尽管热恋的最高意境是一刹那或若干刹那，那意境却永垂不朽——它超越了时间，进入了无时间的精神世界。心之无时间因子，意义与此相仿。

不但如此，时间还出自心。心是行规定者，所以能行规定，包括产出时间来描述诸感觉。心是创生时间者。这种情况，类似于物理学中有时间坐标，日常语言中有时间副词、时间介词和动词时态、表时间的助动词。有谁说，时间坐标有多少时间？"在……以后"还有"与……同时"这两个介词要用多少时间？大概无人会提这类愚蠢问题。时间词在语言中，是创生力用不

一、对　象

可或缺的要件，于是语言才成为行规定者。时间形式在心中，于是心才可行规定。

现代哲学家维特根斯坦有个绝妙的比喻，有助于帮助我们体会心与心理对象之不同。他用人的眼睛和视野作比。试问诸君，你们谁看见过自己的眼睛？在镜子里看到过？在照片里看到过？不，那不是眼睛，是像（在镜子里）或画面（在照片里），它们都在"视野"中。维特根斯坦用眼睛比喻"哲学上的自我""形而上学的主体"。我们在这里比作康德哲学中的"心"、行规定者。至于心理对象，则喻为位于视野中，它是眼睛看见的，却不是眼睛自身。

顺便说说，当人们批评维特根斯坦的"唯我论"之荒谬时，多半打错了目标。维特根斯坦的学说是有毛病，不过，一些人批评他的"毛病"，在我看来恰恰是他的深刻之处。他说，形而上学的主体、自我，是世界的界限，而不是世界的一个部分。这并没有错。为什么这样讲？因为他所谓的"世界"并不指物自体，而是指知识中的世界图景。认为他荒谬的人，其实并未弄懂他的哲学词汇之所指。

在今天的世界上已很少有人相信上帝创造世界、创造人类的学说了。哲学再也用不着用力去论证上帝创造世界之荒谬了。哲学越来越注重纠正错误的说话方式。我们千万不要以为自己身处十七八世纪，还在同神学做斗争，以为外面的哲学家仍然忙于论证精神可以创造出物自体。如果那样认为，真可谓把自己放错了时代。这样说，并不是否认今日世界上还有人拥护基督教和神学，但是，今日神学和基督教哲学的论据、论证均已有发展，以适应科学和生活的现代水平。如果我们仍维持老一套是对付不了它们的。

5．小结：关于"纯粹的"

中国人学习德国古典哲学，最大的难关也许是如下两个概念："纯粹的"和"先验的"。这两大难关不突破，是进不了哲学之门的。这里先讲"纯粹的"，第二部分再处理"先验的"。

康德这部划时代巨著的题目中就有"纯粹的"一词，开头又谈纯粹的知识与经验的知识之区别。黑格尔强调他的逻辑（即辩证法）是纯粹的学问，即关于纯粹的知识之学问。这些都说明"纯粹的"一词之重要。

简单地说，"纯粹的"就是非经验的，或曰没有感觉之成分的。

那么，数学知识是否是"纯粹的"知识？

在康德看来，数学是依据感性的学问。康德认为，空间、时间既不是物自体，也不是物自体的性质，更不是物自体之间的相互关系。空间、时间属于心。心有两种能力，一是感性，

一、对象

一是知性。感性管直观，知性管思维。这里的直观和思维都不是心理学概念。心理学概念在时间中规定，是被规定者。由心的感性能力产生两种直观：

$$\begin{cases} \text{纯粹的直观：空间、时间——这是单纯的形式} \\ \text{经验的直观：纯粹的直观加上感觉材料} \end{cases}$$

对我们来说，空间、时间属于心，它们二者是纯形式的，都很难体会。这里关系到对"纯粹的"一词之体会。读者可以把空间、时间想象为物理学中的坐标系。坐标系中没有物，相当于"纯粹的直观"；有了供心做出物的材料之感觉，相当于"经验的直观"。空间、时间坐标系属于物理学语言的组成部分，没有坐标系，物理学寸步难移。但这坐标系是物理学的，不属于被观察的物自体。坐标系用来描述观察得到的感觉，而后才能得到观察命题。地球上的经纬度不属于地球本身，而是人类的语言。它们也是坐标系。

所以，不要对康德的空间、时间学说大惊小怪。

康德认为，数学以纯粹的感性直观为前提。有空间，才可能有几何学；有时间，才可能有算术。因此，数学是与感性相关的学问。

但是，仍然有纯粹的数学。康德甚至认为，只要是数学，就一定是纯粹的。

为什么？

因为"感性"一词有两方面:

$$\begin{cases} 材料:感觉 \\ 形式:空间、时间(纯粹的直观) \end{cases}$$

既然数学知识与感觉材料无关,那么,当然是纯粹的知识。

再比较下面两个命题:

$$\begin{cases} 有火必有烟 \\ 有因必有果 \end{cases}$$

"有火必有烟"乃是经验命题,其中"火""烟"都是经验的概念,含有感觉材料。"有因必有果"则是纯粹知识,"因"也好,"果"也好,都不包含感觉材料,因而都是纯粹的概念。

不难发现,"有火必有烟",是往"有因必有果"的"因""果"两个格位中填入"火""烟"做成的知识。请读者回忆一下前面讲过的"句型"和"例句"的关系。这里的纯粹的知识好比句型,经验的知识好比例句。经验的知识必须由纯粹的知识充当架子,而后往适当的格位中填入包含感觉材料的经验的概念,才做得出来。

举过命题的情况,再看看概念的情况。

马赫、罗素等实证主义者追随贝克莱,主张物是一束感觉。这几位哲学家都主张知识只有一个来源——感性。例如食盐,这是无色晶体,咸味,比重若干,化学成分为氯和钠,等等。去掉这些物理、化学特性,就剩下了"物质"(或客体)。但是,

一、对　象

"物质"本身什么性质也没有。于是他们或者主张物质不存在，或者主张"物质是否存在"这个问题不成为问题，没必要提出来讨论。

康德反对他们的看法。的确，物去掉所有的感觉成分之后，不剩下东西了。但是，话要说清楚。确实"不剩下东西"，不过，是不剩下感性的东西。贝克莱、马赫等人认为知识只有一个来源——感觉，所以，去尽感觉之后，当然就什么也没有了。然而，康德指出，知识有两个来源，除了感性，还有知性。去尽感觉之后，还剩下一点东西——知性的东西。那些哲学家由于持有错误的哲学观点，因而去掉感性的东西之后，就什么也看不见了。其实，物质（或客体）正是知性的东西。这东西是媒介、黏合剂，那一束感觉要汇聚到它上面才能做成盐（这个经验对象、经验概念）。那一束感觉中的任何一个都没有黏性，非有这个媒介不可。

当然，知性并不提供感觉，否则就不叫知性而要改称感性了。这个知性的东西我们当然看不见，当然不具备任何特性——任何特性都包含感觉材料。虽然感觉不到，却可以思维到它，否则，那一堆杂乱无章的感觉靠什么黏在一起，而且黏得那么有次序，以至于成为物（在此是食盐——NaCl，而不是黏成ClNa）。

这个知性的东西，客体（或物质），康德常称之为"先验的客体",是纯粹的概念。食盐是一个经验的概念。

不难看出,经验的概念要由纯粹的概念充当感觉杂多的媒介。

以上从三个方面表现了"纯粹的"一词之意义。下面,再从范畴与经验的概念之关系进一步表现"纯粹的"一词之意义。

属于知性的纯粹的概念,康德又称之为范畴。

我们常常听到这样一条原理:范畴是最一般的概念。不要把这句话同康德哲学混淆起来。在康德的词库里,范畴虽然有"一般的"一词作为定语,还有"纯粹的""知性的"两词作为定语。

例如,食盐是特殊的概念,无机化合物(或化合物)是一般的概念,沿着这条路概括,最一般的概念无过于"物"了。用概括方法(这是普通逻辑方法),无论如何得不到纯粹的概念。物也是经验的概念——它在经验的世界中确实是"最一般的"概念了,但终究不是纯粹的概念。普通逻辑无力把它纯粹化。而且请注意,在整个逻辑程序中,"最一般的"出现在最后。它仍然脱不出经验的世界。

纯粹的概念情况不同,它是产生经验的概念的前提之一(另一是感性材料)。往它上面黏一些感性材料,就做出食盐(注意,这里"食盐"指经验的概念),黏一些其他感觉材料,做出的便成了桌子……也可以做出其他化合物或物。在整个逻辑程序中，它出现在最前面，是前提。有了它，经验的概念才做得出来。没有它，感性杂多终究仍是一堆杂乱无章的东西，做不出概念来。

而且，只有先由范畴（纯粹的概念）参与做出经验的概念，普通逻辑才有用武之地，搞些"概括""运算"之类的活动。

可见，在范畴与（经验的）概念之间，有一条不可逾越的鸿沟。

当然，"不可逾越"是对普通逻辑而言。要想越过这条鸿沟，必须进行一场逻辑革命，创造出一种新逻辑来。康德在《纯粹理性批判》中表现了他发动的这场革命。他提供给人类的新型逻辑，是先验逻辑。先验逻辑是从经验的世界进入纯粹的世界之桥。

二、知性为自然界立法

尼采有一句著名的话:"人最后在事物中找出的东西,只不过是他自己塞入事物的东西:找出,就叫科学,塞入,就叫艺术、宗教、爱情、骄傲。"[1]

康德则说:"我们在事物上先天地认识到的东西,只是我们自己放进事物的东西。"

人们常常以为,自己找到了自然界的规律。物质不灭定律,能量守恒原理,似乎是物自体的本有规律。然而,康德却指出,这些都是我们自己放进自然界的,因而能够"先天"地(不凭经验地)认识到它们。

这是不是喜欢耸人听闻的哲学家制造出来的奇谈怪论?

我们仍然采用"清洗术语"的办法。在这之前,我先举两个物理学中的例子。

第一个例子是比热,念过中学的读者都学过这个概念:

---

[1] 尼采:《权力意志》第606条,转引自《现代西方哲学论著选辑》,洪谦主编,商务印书馆,1993年。

$$Q=cm\Delta t$$

这个公式的意思是,对某一物体,它的热量增量 Q 与温升 Δt 成正比。c 表示比热,说明物体的材料之特性。

这是一条规律。它是怎样得来的?

科学家观察到,对特定物体,温度变化,它所含热量也随之发生变化。科学家认定,温度变化与热量变化之间一定有规律,于是找规律,做实验。查看实验数据时,他想起了数学中的正比例函数——它在平面直角坐标系中的图象是一条直线,便猜测他想找的是正比例关系。

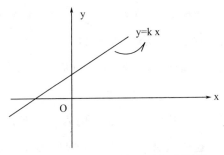

图一 在平面直角坐标系中正比例函数的图象

他模仿数学的函数图象法,画出一个坐标系,横坐标表示该物体的温度,纵坐标表示它的热量,而后把实验数据在坐标系中描上点。图二中的点表示实验结果。而后,他狠下一条心,画出一条直线。成功了!这些点不是连不成直线吗?没关系,差不多啊!这就够了。

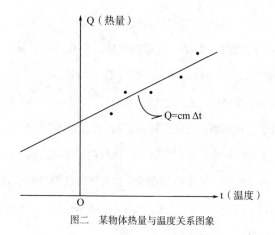

图二 某物体热量与温度关系图象

一条物理学规律如此诞生了！功绩卓著，载入史册。

在上述过程中，有两件事是重要的。一是认定有规律，二是武断地猜测这规律与某一数学函数同形，或曰，这规律可用此函数表达。哲学关心这两件事。

比热相当于正比例函数中的比例系数 k，被认为是常量，即不变的量。这是个关键。认定并猜测热量变化与温度变化成正比，才会有比例系数出现，而且这比例系数一定是常量。物理学还习惯于为这比例系数找个解释，用物理学家的行话说，这叫寻求物理意义。它的解释就是"比热"，说明物体材料之特性。

至于那些点不全落在直线上，可以归因到"实验误差"上去。误差言者，只要仪器改进、实验技术改进、实验工作严格认真仔细，则一定可以消灭也。

不幸的是，尽管不断努力，千百次实验总证明不了比热是常量。

这可糟了。比热不是常量，那规律岂不是作废？

所幸的是，人们在实际应用中只要求"差不多"。

但是，哲学却不会轻易放它过关。哲学要科学家承认，所谓 $Q=cm\Delta t$ 是物理学为自然界立的法。

哲学家问物理学家，你们为什么说这里有正比例关系？明明不成正比啊！比热不是常量便是证据。

物理学家答道：正比例关系简单。请看，找出一条直线多么方便！世界上还有比直线更简单的东西吗？而且，$Q=cm\Delta t$ 这公式多么美丽匀称！我们科学家也爱美。

哲学家问：别扯什么美不美。你们承认不承认，比热是你们为自然界立法失误之产品？

物理学家：承认就承认，有什么了不起！我只要公式用起来方便，算出来结果差不多，能满足实际的要求就行。如果实际提出的要求高了，再考虑改进公式。其他的，我才不管哪！

第二个例子是牛顿第二运动定律。如果说，比热不过小事一桩，那么，牛顿定律可是许多人的世界观根基，一动摇可不得了。

可惜这个根基里面藏着许多前提，一揭发出来，人们对科学的迷信就会动摇。

中学物理课本中,牛顿第二定律写作:

$$a = \frac{1}{m} F$$

(大学课本写作向量微商 $\frac{d^2 \vec{r}(t)}{dt^2} = \frac{1}{m} \Sigma \vec{F}_i$)

又是正比例关系!

比例系数之倒数记作 m,解释作物体之质量(惯性)——含有物质之多少。既然是比例系数,当然是常数。

很不幸,这个常量又不"常"。爱因斯坦想了个办法,主张假定它与物体运动速度相关,速度大,质量也变大。这当然不是最后的办法,随着科学技术的发展,爱因斯坦的办法总有一天也会"差得太多"。那时,会出现又一个天才,造个新规律出来,以求"差不多"。

常量不常总是件麻烦事,会因此推翻正比例关系。为了坚持简单、方便、看起来顺眼的正比例关系,于是一口咬定比例系数 1/m 是常量。而其他都以"误差"为托词,推到偶然因素上去。

我曾就这个例子同一位物理学家交过锋。

我:牛顿第二定律是物理学家把正比例关系加给观测数据的结果,此即康德所说的"知性为自然界立法"。

物理学家:人怎能把自己的意志加给自然界?

我:"自然界"在此指观测数据,不是指物自体。而且不是加意志于自然界，是加规律，所以叫"立法"。

物理学家：规律是客观规律，即物自体本有的规律。不是我们加上去的。

我：是你们加的。或者说，是牛顿、爱因斯坦加的。牛顿有牛顿的加法，爱因斯坦有爱因斯坦的加法。各人有各人的规律，正说明规律是人加上去的。请问，你根据什么说那是客观规律？

物理学家：根据实验。

我：对不起，扫你的兴。实验从未证明过任何一条物理学定律正确。第一，任何一次实验结果描出的点，几乎都不能落在依照公式画出的曲线上。第二，任何两次实验的结果都不相同，好像后一次实验在推翻前一次实验。所以，如果实验能证明什么的话，所证明的仅仅是：第一，物理学定律不成立；第二，规律根本不存在。

物理学家：规律还是存在的。你说的事实我承认，但是，我们认为那是误差。

我：误差？那不过是个托词，出气包！就像有一位大丈夫，常受老婆的气，又不敢还嘴，更不敢打老婆，只好在地下室挂个沙袋，每次受了气就跑去打几下。你们的"误差"就是那个沙袋。

物理学家：什么是老婆？

我：规律。你仍不敢否认规律。否认了它，你们的家庭——

物理学就没有生存依据了。

物理学家：规律总还是客现存在的。

我：应该这样说，物自体有本身的运动规律。物自体有本身的规律吗？也许有，也许没有。一切都在变。月经是女人的一条规律。过去的女孩子，十四岁来月经，现在的女孩子十二岁来月经。规律变了。然而所谓规律就是不变，规律变了等于说没有规律。以物理学中的情况为例，现在氢原子的那个电子能级，与几十年前比，可以认为没有变——也许变了，但目前所有的仪器都测不出来。但是，你敢断定几十亿年之后它还不变吗？不是万物皆流吗？为什么这个电子的能级就一定不流？说实在的，说它不变不如说它会变更为妥当。可见，说不变，是我们的假定。只有不变，才有规律可循。规律存在是假定，是我们的信念，是方法。借助这个方法我们才能生活。要知道，理论是暗淡无光的！

物理学家：你这么说好像有点唯心主义意味。

我：不。我要的是实事求是。你同意"万物皆流"吗？既然同意，为什么不同意规律也流？规律也应该发展啊！只是规律一发展，就没有了——而且不是过去有，现在发展了才没有，是一向就没有。你要么同意万物皆流、没有规律，要么同意存在规律，万物不流。二者必居其一。

物理学家：实验值倒真是不与理论值契合无间。你怎么解释误差?

我:误差存在,部分原因确如科学家们所说,是由实验条件的限制产生的。哲学注意的是"误差"所涉的观点。以牛顿第二定律为例,为什么一定是线性一次式,而不可以是多项式或超越函数?那样或许符合得更好,但太复杂了,所以物理学家不取。公式要简单,宁肯在测定系数上多下点功夫。可见,一部分误差是由决定采取正比例关系之后带来的,采取某种超越函数可能减小误差。这种误差是由观点造成的,所以哲学要过问。

误差的另一个来源也出自理论本身。实验结果如果描点连线,画出图象,就暴露出一个假设。学过物理学、做过实验的人都知道,连曲线要在所描点最密集的地方穿过。换句话说,牛顿第二定律的那条直线,要在实验点出现概率最大的地方穿过。可见,这里隐藏着一条假设——统计学假设。误差理论中不是有个"方均根"吗?我们注意的是它的哲学意义。爱因斯坦坚持"上帝不掷骰子",同海森堡争得不亦乐乎,大概没考虑到牛顿在他的理论之基础中藏着这么一条统计学假设。骰子下放给撒旦去掷了!这是误差的又一来源。

总之,物理学家要关心哲学,懂得自己搞出来的规律,是处理经验事实的简便的方案。认定有规律,才会去设定规律。设定规律,便会出现误差。误差不能证明规律是物自体本有的,相反，它能证明的是，规律是物理学家所立的法。

物理学家：……

严格地说，上述两个例子与康德的"知性为自然界立法"还是不同的。上述两例讲的是自然科学之哲学，康德讲的是先验哲学。不过，这两个例子对了解康德的学说有帮助，而康德哲学对科学哲学研究来说，又是必不可少的基础。

1. 实体是物自体还是纯粹概念？

康德赋予"实体"一词的意义，源于古希腊的亚里士多德，中间经过中世纪经院哲学的翻译。所以，先讲一下亚里士多德哲学的有关内容。

亚里士多德当过修辞学教师，教人们怎么把话说得少一些毛病。按语法学，一个句子要由主语和述语两大部分构成。主语可以对应着一个个别的物体，也可以对应着物体的某个特性，或同类物体的一个集合。后两种情况下，用作主语的词，在其他句子里可以用作述语，而第一种情况下用作主语的词，不可用来描述其他。亚里士多德称这种词对应的个别物为"实体"。

这是著名的"亚里士多德十范畴"中位居首席的范畴。其他九个范畴都是从述语分门别类后归纳出来的。亚里士多德的范畴与康德的范畴不同。康德虽然沿用了名词，却没有沿袭思想。亚里士多德的范畴依据述语分类,而述语是句子的成分。康德引出十二范畴依据判断分类,判断是整个句子的构架。

亚里士多德面对这样的问题:

张三昨天长着胡须作了案。今天把他逮捕了,但他已剃去胡须,声称自己不是作案人。依什么哲学证明他是昨天作案的那个人?

哲学上的依据就是:不错,他没有了胡须;但是,这只是偶性的变化,实体没有变,所以,他还是那个人。

写出句子来是:

张三昨天是有胡须的。

张三今天是没有胡须的。

变化发生在述语部分。主语没有变化。于是,从修辞学中引出了哲学学说。

用哲学的行话表达为:在经验的世界里,一切在变化着。在语言中,有变者,有不变者——语言通过"主语不变,述语变"的办法描述经验世界中的变化。亚里士多德认为,世界中的情况与语言中的表述有对应关系。这一层,我们今天不能接受,但在他那个时代似乎是毋庸置疑的。就根据这么一个观点,亚里士多德做出结论道:在经验的世界里,一定有对应着不变主语的"不变者",那就是实体。

由于变化是在经验的世界之中进行的,因而也在时间之中。

由此，实体是（在时间中）永恒不变者。

康德的"实体"一词之意义，也是这样。

那么，实体是物自体，还是经验的概念，抑或纯粹的概念？

先看看"万物皆流"这一学说。

若是以"物"指经验对象，那么说"万物皆流"毋庸置疑。

若指物自体呢？

我与你一样，主张物自体在流变。

好，我们就讨论物自体。

十年前，你种下一株树苗。我看见了，法官也看见了。它真美。它属于你。"十年树木"，现在，它成材了。我把它砍下取走。你赶来问我："你凭什么砍走我的树？"我问你："凭什么说它是你的树？"你说："我种树时你看见了，法官也看见了。"我答道："我和法官看见的是你种下一株树苗，没有看见你种这棵树！"你说："这棵树就是那株树苗！"

你说的这句话重要极了。你在主张这棵树与那株树苗的同一性，但是我要反问："你又凭什么确认二者的同一？除了位置相同，还有什么不曾发生变化？幸亏是树，换了羊，连位置都变。你学过化学、生物学没有？你去检查一下，你那株树苗的分子在这棵树里还剩下几个。如果有一种给分子做上记号的技术，就会发现，十年前做过记号的分子现在没留下几个啦！"

凭什么确认二者的同一？凭"实体"。物自体无疑已变。

二、知性为自然界立法

我们都同意物自体处于不间断的流变之中。物自体没有同一性。但是，如果想确立人对物自体的所有权以及人与人之间的法权关系，非有"实体"概念不可。否则，上述那场官司就无法判决。

十分清楚，实体不是物自体。实体是时间中的永恒不变者，物自体则不断变化。在物自体世界中没有永恒不变者。实体是概念。

那么，实体是经验的概念还是纯粹的概念？

按康德的看法，实体是知性考虑图形（这个词，李泽厚译为构架）产生出来的，是个范畴，即纯粹的概念。实体实质上是先验客体的变形，看不见摸不着，毫无感性材料，当然不会是经验的概念。

康德的"实体"一词与亚里士多德的"实体"一词意义有所不同。亚里士多德的"实体"一词多多少少有着物自体之意义，所以有不少人在亚里士多德意义上使用"实体"一词。对这些人，清洗"实体"一词是必要的，可以借以提高哲学水平。康德的"实体"一词明确地指纯粹的概念。概念当然不会刺激感官引起感觉，不但纯粹的概念不会，经验的概念也不会。此外，亚里士多德的古希腊式的观点，以为物自体永恒不变，只是我们的感觉在变，也是今天的我们不能同意的。古希腊另一些哲学家根据这种观点主张感觉是不真的，感官只会提供假象，从而欺骗我们，也是我们不同意的。纠正这些看法的，不是别人，正是康德。所以，如果在实体问题上批评康德是唯心主义，那就是同意他的推论而反对他的论据。这是很可笑的。

实体虽是个纯粹概念，却有着意义，对人类的生活是必不可少的。前面关于"树"的同一性之例，已表现实体概念对所有权的确立是必不可少的前提。下面再举一例。

东晋时代的大和尚僧肇，在他的佛学著作《物不迁论》中讲了一个故事："梵志出家，白首而归。邻人见之曰'昔人尚存乎？'梵志曰：'吾犹昔人，非昔人也。'邻人皆愕然，非其言也。"

大家之所以非梵志之言，是因为梵志说的话不合通行的方式。就物自体而言，今日之梵志与昔日之梵志已非一体，但就实体而言，今人即昔人。人们说话所指，皆为人——以实体概念打底。人们说话不指物自体。这是说话的正确方式。梵志耍的花招，是用物自体偷换了实体。"昔人尚存"谈到了存在。本书第一部分已论证，只有概念，而且是经验概念，才可言其存在。物自体不可言其存在。"昔人"为一经验概念，与存在连用，是正当的。而这个经验概念须以一个纯粹概念为前提，那就是实体概念。通过实体概念，"今人"这个经验概念与"昔人"才是同一的。梵志的错误有二，一是用物自体偷换实体，二是在谈话中隐含了"吾存"（今人存在，但"今人"却指物自体），因而把物自体与存在连用。佛学中一部分似是而非之论，毛病

二、知性为自然界立法

与这个故事里的梵志是一样的。

一位男子告别新婚不久的妻子外出游学,一去八年。学成归家后,他的妻子学着梵志的口气对他说:"汝犹昔人,非昔人也!"拒而不纳。理由很充分:第一,八年的新陈代谢,使原先的那些分子全更换过了;第二,形相、容貌、体格均有变化,胡须已由柔软变成粗硬,八年的磨炼使他更有男子汉气概了;第三,八年际遇的积淀,使他成为一个全新的人格;第四,八年的研究使他学问广博,世界观发生根本变化,生活态度迥异于昔。站在面前的完全是个陌生人。只要一接触,妻子感受到的也是一个陌生人。一句话,物自体全然不同了!

然而,法律承认他还是那个男人,因而认定他是她的丈夫,她必须接纳他。

法律必须如此认定,否则一切都乱了套;八年后回来可以不承认,那么,七年也应该可以;七年可以,为何六年不可以?六年可以,五年……这样推下去,不免达到一日之后就可以不承认。这样,社会上岂不就根本不存在夫妇关系了吗?据说西方有的国家规定夫妇分居半年就算自动离婚。这在社会学上倒是一个有趣的话题,它与实体概念关系不大,而是建基于该国的国情民风。从"否则就乱了套"也不能证明实体概念是夫妇关系的前提。那证明其必要性——我要证明的是,由于有了实体概念作为前提,人类才可能建立夫妇关系。更广泛地说,人类才可能有各种关系，不但有人与人的关系，而且有人与物、物与物的关系。没有实体概念，人类不会有社会。

物自体处于流变之中，流变者与流变者之间不能确立关系。关系必须是不变者与不变者之间的关系。在夫妇关系之例中，这个道理十分明显：夫妇关系必定是某个不变者（特定的一个"同一个男人"）与另一个不变者（特定的一个"同一个女人"）才能建立。实体概念之必要性显而易见。补充一点，单有实体概念还不能建立人与人之间的社会关系。动物没有夫妇关系。即使有的动物有固定交配对象，人们称之为"夫妇"，也不过是拟人化，动物自己不会以为这是夫妇关系。即使有的高级动物有实体概念，也不会有法权概念。有关原理，学习道德哲学、法权哲学之后就会了解。物自体之间的接触好比没有实体概念的动物的活动。

不变者即实体，为纯粹概念。有了这个概念，才会认为自己面前的对象（其物自体处于流变之中）是"同一个男人"。而后，才可能建立起关系，包括夫妇关系、父子关系、君臣关系、劳资关系、上下级关系等一切社会关系。有了关系，才可能有法律，认定和固定各种社会关系等等。

可见，实体概念是法律的前提。法律和民众之所以确认八年后回家的他是她的丈夫，并不是出于担心"乱了套"，而是在民众的意识里和法律的根底里本来就有实体概念，因而出自

二、知性为自然界立法

当然。

以上论证了实体概念对人类生活的价值。对于自然科学家，讲清实体概念之究竟，是一贴清醒剂。

科学史告诉我们，科学家们发现质量守恒定律（或物质不灭定律）走过了多么漫长而艰辛的道路。与拉瓦锡借助化学实验阐述质量守恒定律的同时，康德在波罗的海岸边哥尼斯堡的一间书屋里，写着《纯粹理性批判》，不借助任何经验，从知性原理先天地阐述了这一定律，揭示出这乃是"知性为自然界立法"。

科学家发现出来的，不过是人类早就放进去的。哲学家之所以能先天地认识到"科学家经验地发现的"原理，正因为原理是由古人放进去的。

质量守恒原理是随着实体概念放进科学经验中去的。

拉瓦锡不愧为伟大的化学家和思想家，他恰当地称质量守恒原理为"一条公理"。

这条原理是无法由观察事实直接证明的。依据它，拉瓦锡能完满地解释他面对的全部实验结果（这句话可理解为：完满地整理全部经验命题）。解释成功，便证明了这条原理。

但是，按康德的看法，拉瓦锡的成功不应算科学发现。很简单，实体既然是永恒不变者，那么，只要考虑它的量，这量必定是既不增加也不减少的。拉瓦锡之所以能成功，原因在于他有哲学头脑,这正是他的前辈化学家所缺乏的。

在此需再次提醒读者,科学家研究的是经验对象,也即经验概念,而不是物自体。不错,在化学实验中,在那里起反应的是物自体。可是,一旦化学家得出观察命题,输入一个理论进行运算,他所处理的,便是经验对象了。

经验对象不是以实体概念为前提吗?

当然质量守恒啰!

其实,康德的原理比拉瓦锡的发现更为伟大。现代科学证明,原子反应中质量其实并不守恒。原子反应或释放能量或吸收能量。释放能量的反应质量减少,吸收能量的反应质量增加。能量是由质量转化来的。现代科学把这原理修正为"质能守恒原理"。拉瓦锡毕竟是科学家,有哲学头脑而未能纯从哲学角度思考问题,这使他的发现伟大程度不够。而康德的原理其内涵是容得下质能守恒原理的,还容得下今后发现的一切量之守恒原理。

这并不是说,康德的实体学说已尽善尽美。实际上,现代量子物理学已向它提出了挑战。

在电子实验中有这样一种现象:一个电子,某时刻在此地,下时刻在彼地,然而,它从此地到彼地经过什么轨迹却测不到。

与其说测不到轨迹,不如说没有轨迹。

没有轨迹就无所谓运动。

运动、轨迹都是古典概念,与实体概念紧密关联而不可分离。轨迹必定是某物运动的轨迹。有轨迹就一定有某物,于是就显出实体概念。请注意,这里讲的都是先验的知识,与经验无关,这里揭示的,都属于哲学语法。如此说话在哲学上才算正当。

然而电子却没有轨迹!

因而实体概念不适用于电子。

现代物理学家都很有哲学头脑,善于从哲学角度考虑问题。物理学家发明了一个新词:波粒二象性;后来又提出一个更新的词,波包(单纯用能量描述它的量),"实体消失了"(这句话的正确说法是:实体概念不适用了)。

这些物理学家向哲学提出要求:为自然界立新法!他们承认"知性为自然界立法",自己也从事着立具体的法(经验的规律)之工作。但对康德所立的一般的法(纯粹的规律——在此是实体学说)颇感不适用——至少在微观世界不适用,因之要求重立一般的法。

现代物理学对实体概念不满,并不会导致否认物自体,只要懂得实体是个纯粹概念,而不是物自体。

2. 因果律:先于经验还是归纳自经验?

通常的说法是:因果律是客观规律。在这个说法中,"客观的"一词之意义是"独立于思维的""属于物自体的"。

康德也使用"客观的"一词,赋予的意义却不同。依词源,"客观的"(objective)一词由"客体"(object,或译为客观)加上后缀 -ive 构成。"客观的"一词指出"与客体相关的""属于客体的"等。在康德哲学中,"客体"指心的思维能力(即知性)产生的纯粹概念。也就是说,客体≠物自体。

康德使用"经验"一词,赋予的意义也与我们通常用这词时传达的意义不同。我们常用"经验"一词指只有感觉材料而无知识形式的表象,有时也指有感觉材料也有知识形式的表象。例如,说"要很好地总结经验"时,"经验"一词指的就是知识——总结报告里除了句子之外别无他物,经验=句子。而康德用这个词,指既有感觉材料又有思维形式的表象:一、经验的概念;二、经验的判断。

在康德那里,只要是经验,就一定是客观的(知识)。道理很清楚:经验既然由两种成分构成——感觉材料和形式(直观形式,空间、时间;以及思维形式,范畴),就含有知性的纯粹概念。这就是先验客体,或曰:客体。那么经验就是客观的。

我们通常说什么什么是客观的,往往是指它是真的、正确的。康德所说的"客观的"知识,不等于一定是真的、正确的。知识一定是客观的,即与客体相关的。客体是纯粹概念,所以,知识一定是有知性形式的。所谓客观的,不过指具备合乎知性的形式。这好比造一个句子合乎句型。从语法上看,句子成立;从语义上看,句子传达的意义未必正确。因此,在康德那里,"客观的"一词之意义是"可以传达的""别人可以理解的"。"可理解的"≠"同意的"。下级向上级提建议,上级能理解,不见得每次都同意。有人说康德的"客观的"一词之意义是"普遍同意的",乃是对康德思想了解不够准确,误把适用于审美判断的语义用到知识理论。按这种说法推下去,就要强迫上级首肯自己的每一条建议。"可理解的"更不等于"正确的""真的"。有人指责康德把"主观知识"说成客观真理,也冤枉了康德。

因果律的情况又是怎样呢?

因果律有两种表现方式:一种是"有因必有果,有果必有因"。在时间上,因先于果。另一种是"因为……所以……",后者又称作"因果关系",省略号处应当填上命题,不可以填上词项。也可以写为"如果……就……"。

这两种表现方式一般看作等价的。不过,情况有所不同。"有因必有果,有果必有因"比"因为……所以……"多了一点东西:"因为……所以……"必须于两省略号处填上命题,不允许只填一个命题,但这表现形式本身未表达出这条使用规则;"有因必有果,有果必有因"则表达出,只要写出"因",就一定要写出"果",反之亦然。

因果律在哲学中是很引人注意的题目,由休谟、康德讨论之后，这个题目的地位更高了。在科学中，因果律的用处很大，以至有人认为，它是对科学研究最重要的逻辑规律。

因果律是纯粹概念，对此，不同派别的哲学家之间没有什么分歧。问题在于，它是从经验中归纳出来的，还是先于经验从而使经验成为可能的？

在第一部分第5节中，我们已就范畴（纯粹概念）与由经验概念概括出的一般概念之间存在着一条普通逻辑无法逾越的鸿沟，做了一般性的讨论。按那里的结论，因果律不可能从经验中归纳得出，因为归纳是普通逻辑的方法。

归纳推理对得出因果律无能为力，休谟对此已做了证明。这在西方哲学史上是很著名的。休谟未想到需创造新式逻辑，仍局限于旧式的普通逻辑，因此他只好到心理学中去找解决方案。休谟主张，因果律来自习惯：情况多次反复，看惯了，就产生因果观念。显然，这仍然是从感性中寻找解决之道，只不过从根据经验推理倒退到根据感觉上的心理习惯。

康德提出知识两来源学说，主张从知性中寻找解决方案。他的一般论据是：从感觉无论如何得不到形式，形式只能来自心。形式有两种，一种是感性的，那就是空间、时间。另一种是知性的，那就是范畴。

$$\text{心产生的形式}\begin{cases}\text{感性的形式：纯粹直观——空间、时间}\\\text{知性的形式：纯粹概念——范畴}\end{cases}$$

二、知性为自然界立法

感性直观与知性思维二者，后者更重要，具有能动性。

在康德的上述学说中，"从感觉得不到形式"一点是关键。这个问题放在下一节讨论。因果律问题，重要的在于知性的能动性（这个词又译作自发性）。知性把时间顺序放到感觉材料之上。

这样，就做成了一个经验。

因此，因果律先于经验。

在上一节讲过，物（经验对象）在变化，而物之实体是同一不变者。变化的便只是物之状态。一物在同一时间不能有两种状态，不同的两种状态必须是一先一后的，即在时间上是接续的。换句话说，我们看到了一个物体的两种状态，就一定会认为两种状态不同时，而有一个先后顺序。也就是说，把一种状态看作"因"，主张它时间上在先；另一种状态看作"果"，主张它时间上在后。我们这样认为，就是我们的知性思维把因果律加到现象之上。

这叫作因果律使经验可能。

因果律不可用于物自体。我们承认物自体变化，但不承认物自体变化之后与原来那个物自体是"同一者"。一旦引入"同一者"的说法，就使用了实体概念。被说的物自体不再是物自体而是物。然而原因概念必须与实体概念配合使用。物之同一不变者归为实体，物之变化归为同一不变者之状态在变化，让给因果概念处置。而"状态"必定与感觉相关。尽管可以假设感觉由物自体刺激感官引起,毕竟不是物自体,只是我们的感觉。因此,"物自体的变化符合因果律"乃是有哲学语病的句子。

因果律(纯粹概念)使经验可能——以它为前提才做得出经验。这样,经验必须符合它,而不是反过来,也就是说,不是因果律必须符合经验。我们通常都以为知识(即经验)要符合对象,在康德的观点之前,我们的观点很难转个180度的大弯,这是康德思想极难领会的原因。

3. 经验的两个来源:感性和知性

上面所说,即著名的"哲学中的哥白尼革命"。天文学中的哥白尼革命是日心说取代地心说。康德以前,哲学都假设"知识必须符合对象"。康德的哲学革命开始于一个新假设:对象必须合乎概念,这是一次颠倒,故与哥白尼相比而得名。

这不是哥白尼式的简单颠倒。在"知识符合对象"中,对象一词指物自体。而在"对象合乎概念"中,对象一词指经验对象,也即经验概念;概念一词则指纯粹概念。

这里的关键在于上节提到的"从感觉得不到形式"。

在"知识必须符合物自体"一说中,隐含着一个中间环节:

二、知性为自然界立法

感觉。感觉看作物自体刺激感官引起的。

可以认为物自体有形式、有规律。

然而,物自体的形式、规律能通过感官这个窗口,化成感觉让认识者得到吗?

众所公认,感觉是没有形式的东西。主张"知识唯一地来源于感性"的经验论者,也不否认这一点。

而知识却是有形式的。

知识的形式不从心外来,那么,它从哪里来?

康德回答,由心产生出来。

经验论者从来没有否认过心在形成知识中的作用。连洛克也主张心像一块蜡板,物自体像一个金印,知识就是金印在蜡板上打下的痕迹——从未否认过心的作用。不过在他看来,心的作用只是"加工",谈不上由心提供形式。洛克没有回答知识形式的来源问题。离不开心,又不给心以地位,于是从根子上出了毛病。

康德革命的要点在于给知识补上一个来源:知识的形式是由心产生出来加在外来的感觉之上的。

知识即经验怎样才是可能的?

由心提供形式,知识(经验)才是可能的。

"知性是做成经验的前提"不过是这一观点的另一种表达方式。

这也就是"知性为自然界立法"。

康德在哲学中掀起的革命,其起点何等简单,同时又何等富有成果,真令人惊叹。

康德之前的西欧哲学家主要有两大派,一是经验论者,一是唯理论者。应该说,两大派都注意到了感性,也都注意到了知性。两大派又都有各自的偏颇之处。经验派失之于过分强调认识的被动性。这一派主张反映论。注意到知性的作用,仅限于知性的"加工改制"能力。这从根本上讲,至多是运用普通逻辑的能力。这一派完全否认心有"赋予形式"之能力。他们忽视了,即使普通逻辑也是形式之运算,也有个形式来源问题。

唯理派失之于过分强调认识的主动性。这一派懂得形式的先天性,但是不恰当地认为,形式可加在物自体之上。其实,形式只可加于感觉材料之上。在康德看来,无论是直观形式(空间、时间),还是思维形式(范畴,纯粹概念),都只可加于感觉材料,不可加于物自体。这就是所谓的"物自体不可知"。唯理论多走了一步,主张心可为物自体赋予形式,就陷入谬误。

为什么有些人会误解康德的"知性为自然界立法"是"思维为物自体立法",甚或是"思维创造物自体",诬称康德用"心"代替了作为造物主的上帝?

大概他们自己所持的哲学立场是康德以前的旧形而上学立场。例如,他们坚持反对康德的空间时间学说,主张空间、时

二、知性为自然界立法

间是物自体的形式。这一立场,就是莱布尼茨的立场。而这一立场之错误不在别处,恰恰在于过分强调了心之主动性,把本属于心的直观形式归给了物自体,等于让心为物自体立法。这一立场不是强调了物自体,反而是夸大了心。

康德的贡献在于使被动、主动两个方面恰如其分。他主张心有两种能力,一是被动的接受能力,一是主动的赋形能力。两方面联合起来才会有经验。何谓联合?赋形是赋予接受来的东西(感觉)以形式,这就是联合。唯理论把形式给了物自体,就是不讲形式与感觉材料的联合。经验论根本没有看到心之赋形能力,似乎感觉就带来了形式,则是从根底上取消了心之两种能力之联合。

心之赋形能力,康德的专用术语是"能动性"(或译自发性)。赋形活动,则用"联结""综合"等词表达。

讲到这里,有必要对我们用惯了的两个词——感性知识和理性知识,作一番清洗。

前几年,有人提出对流行已久的"感性知识、理性知识两段论"做点修正,于二者中间加入一个"知性知识"。大家知道,康德的"理性"有广义和狭义两种。广义的理性包括三个环节:感性、知性、理性(狭义的)。这样的三种知识学说与康德的三环节学说,实质上只有名词上的相同,哲学上完全是两回事。

我的清洗分两步。

第一步，弄清何谓感性知识？何谓理性知识？

我们这里使用"感性知识"一词，与使用"经验"一词相仿，把无形式的感觉材料与已赋有形式的经验知识混在一起，用一个词表达。在日常的哲学讨论中人们使用这个词的含义却常有不同，有时指单纯的材料，有时指已赋形的材料。论者不断更换概念，自己竟毫无察觉。

康德使用"感性"一词，则指感觉材料，有时也指感性形式，即纯粹直观（空间、时间），绝无思维形式——那属于知性。

康德凡讲到知识、经验，都是指有材料、有形式的。而且，他讲的形式不仅有感性形式（时间、空间），尤其还有知性形式（纯粹概念、范畴）。

在康德那里，"感性知识"是句哲学错话。

感性若是知识，就一定不是单纯感性的，而必有知性形式。否则不可能称为知识。

感性知识若无知性参与，则为单纯感性的，根本不成其为知识。

然而，可以作一让步：让"感性知识"表示"含有感觉材料的知识"。人们使用"感性知识"一词大抵语义在此。而在康德那里，是使用"经验的知识"一词表示这意思。

"经验的"与"经验"意义不同。"经验的"表示含有感觉材料的，不涉及思维形式。"经验"则不但含有感觉材料，而且已赋予了思维形式。例如,"经验的判断"不同于"经验判断"。前者没有说明是否赋予了思维形式,既可以指已赋予了思维形式,也可以指未赋予思维形式。所以,前者比后者外延广些。"经验判断是经验的判断"是对的,"经验的判断是经验判断"则不对。

中国读者不易搞清这两个词的区别,在于翻译上的困难。"经验的"一词原文 empirisch,来源于古希腊语,中间经过拉丁语解释,为英国经验派所用。这段历史使这个词与"知识唯一来源于感性"挂上了钩。"经验"一词原文 Erfahrung,是地道的德语,康德借这个词强调了知识两来源中为中世纪经院哲学和近代经验派哲学所忽视的知性。然而,汉语很难找到那么多词分别与 empirisch、Erfahrung 相对应,而且《纯粹理性批判》一书的通行译本又是从英译本重译的,因而这两个词分别译为"经验的"和"经验"。如果读者读书不够仔细,受"望文生义"倾向左右,那就会导致基本概念不清。

再看"理性知识"一词。

康德有时也用这个词,指的是纯粹的知识——数学知识和哲学知识。标准用法还是"纯粹知识"一词。这是因为康德用"知识"一词时常用其狭义,与"经验"或"经验知识"等同,强调"知识"一定包含感觉材料,至少(如在数学中)包含有感性直观形式。总之,他所用"知识"通常与感性相关,至少在《纯粹理性批判》一书中如此。

我们通常用的"理性知识",并不指纯粹知识,而是指概括程度高的,而且是正确的经验知识,有时还指系统化的、成为理论的经验知识。

总之,按康德的观点看,我们所说的"感性知识"和"理性知识"都是经验知识,二者不过有"个别"和"一般"的区别,从感性知识到理性知识过渡的逻辑方法,属于普通逻辑。

在感性知识、理性知识之间加上一个知性知识,不过是在"个别"和"一般"之间加上个"特殊",仍属普通逻辑。

而康德的感性材料(这里指未赋予知性形式的,康德有时称之为"知觉判断")与纯知性形式之间的关系,则需由先验逻辑来阐释。

清洗的第二步在于区分"认识过程"和"做成知识的前提"二者。

我们通常说,认识论研究认识之过程,指的是心理过程或历史过程。这过程是有时间因子的,必须在时间中描述。例如,人们常说,我到一个地方去,先获得了一点看法,这是感性认识(请注意:这里的所谓"感性认识",乃是命题)。过了几天,看法多了,而后认真思考一番,对所有这些看法加工一番,得出一个结论(当然是正确的命题),这便是理性认识。请注意"先""后""过了几天"这几个表明时间的词,对于"过程"之研究，它们是必不可少的。

而康德讲感性、知性时，不涉及时间。康德的知识学说中没有时间因子，根本不是先感性，后知性，再理性，而是几个环节联合作用。康德讲的是有了感性前提、知性前提（缺一不可），知识才有可能做成。至于是否要在实际上做出知识来，他并不关心——这在他的课题之外。

对"认识过程"之研究，是经验研究，是科学，所得是经验知识。对"知识前提"之研究，是先验研究，这才是哲学，所得是纯粹知识。

当然，也有人主张"认识过程"之研究属于哲学。除了我国有大量哲学工作者持此观点，当代英国哲学家卡尔·波普尔等一批科学哲学家也持此观点。波普尔本人认为，科学哲学研究的是知识增长问题，这是典型的以认识过程为研究课题之观点。对国内外持这种观点的哲学家，康德区分感性、知性两种能力的学说显得不那么重要。

4. 何谓"自然界"？

读者已经了解，康德说"知性为自然界立法"时，"自然界"一词不指物自体。那么，这个词的所指究竟是什么？

请你回忆一下自己的成长过程中"自然界"一词之所指是

怎样发展的。

幼时,你的世界即你亲眼看得见的父母、房舍、一段街道、过往亲友等。

你或许听父母、亲友谈到其他的一些人、事、物,图画、电影、电视也向你描绘了一些更大的世界。

稍长,你随父母出去旅游或搬迁。

在学校里,开始听到对所见所闻之物的解说——包括动物学、植物学、物理学、化学等在内的各学科都归入这类解说。

上了大学,你专攻自然科学,熟悉了更多的命题及其运算方法。那些天空中的亮点,过去统称作星星的,现在化成了光谱、射线等等。你已能熟练地对付那些奇形怪状的符号,知道它们各对应什么表象。

你在心中不但勾勒出现有的、见过的、没见过但听说过的各种事物,而且还想象出二百亿年前宇宙的一次爆炸、几十亿年前的地球、几亿年前的生物……虽然谁也没有看见过这些事,但是大家都相信这些事,尽管它们都是推论或计算出来的。

这就是你心目中的"自然界",它随着你的成长而向更广、更深发展,今后还将进一步随着你的知识增加而发展。

人们习惯于用"自然图景"一词表达上面所说的"自然界",而把"自然界"一词留着表示物自体之总和。这就造成了概念混淆。当人们自以为在指物自体时,他们实际上却在指经验对

二、知性为自然界立法

象!尽管人们打算用"自然界"一词指物自体的世界,实际上所指的竟常常是自然图景。

还是统一词的意义,规定"自然界"就指自然图景。

千万不要迷信科学,千万不要过分把自然图景当成真的!科学在不断地修改自然图景,你自己自幼就不断扩大、加深、修改心目中的自然界,这就证明它不是真的,只不过多多少少有点像。

像到什么程度?报纸上的一幅传真照片,远看还像(不过已看不见后面和内部),若用放大镜一看,一片麻点,不知道是什么东西。自然图景就是这样像物自体之总和。当然,技术发达了,在人造卫星上拍一张照片,放大后,可以看清地面上人的细胞核之分子结构。这并不改变自然图景的性质。

自然界就是由经验对象、它们的变化(用经验命题表达)、它们的相互关系和相互作用(也都用经验命题表述,一部分也可用数学公式、方程表述)等等所构成的总和。康德的说法是:自然界是我们表象之总和。他使用的"表象"一词不但指感觉、知觉,也指概念、命题。有时也说,自然界是经验之总和。一般说来,感觉、知觉不包括在"自然界"之内。

上面举的例子仅涉及某一个人心中的自然界。对人类而言,自然界应当是所有个人(包括已死去的)心中的自然之集合。这样说,还不够哲学化,需进一步讨论。

有一个问题：自然图景是客观的自然界吗？

前面已指出，按康德用语，"客体"是纯粹概念，由知性从心中产生出来，"客观的"指与这样的客体相关的，或曰已赋予思维形式的。

自然界乃经验之总和，即经验概念、经验命题之总和；而经验是已赋予思维形式的，因而是客观的。

我们谈到自然图景时，一般指对全人类而言是公共的。例如，"当代科学所描绘的自然图景"一语，所指的就不是哪一个或一群科学家所独有的自然图景。也许实际上只有一小群人具备这样的自然图景，而人们仍把这看作全人类的，似乎他们代表了人类。

人们认为，其他人或许不具备总图景中的某些部分，然而只要去接触，总能学会并熟悉。这才可称作"公共的"。如是，自然图景一定在语言中，即具备思维形式。

由此可见，自然图景即客观的自然界。

这样讲，也还不够缜密。

至此为止，我一直把心与语言相提并论而未加区别。可是，心中之物与言中之物可以画等号吗？

心中之自然界与言中之自然界等同吗？

心是个体的，言则必是公共的。公共的自然图案一定在言中，否则不成其为公共的。

二、知性为自然界立法

然而,生生之源却在于心。物生自心,也消解于心。

卡尔·波普尔有一个"三个世界"说。他把物自体归于第一世界;心中之物归于第二世界;言中之物归于第三世界。本书不打算去挑他这一学说中的各种毛病,只借他的用语引发议论。他主张"无主体的认识论",要研究"客观知识",这用语本书就不多议了。我宁可采用"公共知识"之用语,这样比较便于讲解康德。而康德讲知识之做成,也并非"无主体"。康德十分强调心之能力。当代哲学思潮中心学大盛,若依了波普尔的解释,康德的地位要被贬低很多。

"物自体存在"是哲学错话,"物自体是客观的"也是哲学错话。二者全错在不合哲学语法。物自体乃独立于思维者,而"客观的"即"加上了客体这个纯粹概念作为思维形式的"。心不能加任何东西(材料也好,形式也好)于物自体之上。物自体既然未加上思维形式,当然不能说它是客观的。不言自明,也不能说它是主观的。"主观的"与"客观的"这类词不允许与"物自体"连用。

"物自体客观存在"之谬误,不必多说了。

"言中之物客观存在"是正确的句子。

"心中之物"呢?讨论这个问题的用处在于,可解决个体的"心中之物"怎样可能成为公共的"言中之物"。

"客观的"与否,在于加上思维形式("客体"这个纯粹概念发挥了黏合作用）与否，如果心中之"物"还不成其为物，还只是一堆稍作排列的感觉材料，像康德所说的知觉判断，那便不是客观的。康德有时用"主观的"一词指这种情况。如果这堆感觉材料加上了直观形式和思维形式，便成了经验判断，成其为物，心中之物就是客观的。

这就是说，在心中而未进入言中，未必就不是客观的。严格"物"一词之用法，心中之物一定是客观的。

正因为心中之物是客观的，它才可能由心进入语言，成为公共的。所以，自然图景之为公共的，乃在于它是言中之自然界。

关于"言中"（在语言之中），还要说几句话。

语言与言语不同。言语是说和听，一定是一个生理、物理、心理过程。嘴要动，声带振动，空气振动，鼓膜振动，听觉神经中电流通过，在脑中引起生化反应，转变为信息，再理解……我们可以对言语做经验的研究。

一句话说过、听过，就消逝了。这句话中的物还客观存在吗？

再进一步问，假如所有的科学家都睡觉了，无人研究科学，科学连同里面的物、自然界，还客观存在吗？

又：假如所有的人都不说话，自然图景客观存在吗？语言（已说过的所有的话之总和）客观存在吗？

这些问题真棘手！

二、知性为自然界立法

我们一向都承认自然界、科学、语言客观存在,同时,一向未深思过这些句子之真义。应当说,它们的确是客观存在的。只是人们从未领会"自然界、科学、语言客观存在"之意义究竟怎样。

按康德用语承认它们的客观存在,就连带到对黑格尔哲学的评价。黑格尔反对康德对心的强调,提出"客观思维"的论点,因而哲学史上称他为"客观唯心主义者"。有人质问黑格尔:你说的客观思维到底在何处?

我们姑且把"何处"看作比喻吧,否则就要指出,这种问题提得不妥。须知,非感觉的东西是不可言其空间位置的。

客观思维在何处?在公共的语言之中。

心是个体的,客观思维是公共的,即公共的心。此即康德与黑格尔的根本区别之一。

在康德那里,心与言都有,他未加区别。这是他的不足之处。不过,他是开创者,不容易做到面面俱到。他的贡献已足够伟大,在西方哲学史上是最伟大的两三个超级大师之一。黑格尔忽视心,片面强调公共的思维,显得偏颇。

康德哲学还有一个不足之处。他着重阐述了心创生物的一面,却未涉心消解物的一面。这使得康德哲学缺少动力,当代一批哲学家正在解决这一方面的问题。

5. 关于"先验的"

先验论曾是一个非常可怕的词,在人们心目中,它相当于"生而知之"。实际上,康德总不会笨到主张有人不学习就精通哲学这一步。

"文革"时批判先验论,曾触及柏拉图的"学习即回忆"学说。柏拉图讲过一个神话,说的是灵魂在投胎前生活在理念世界中。投胎出生后,就忘了在理念世界中的知识。这说法有点类似于中国人的观念,投胎前要喝一种汤,忘掉前世的事。柏拉图认为,学习哲学就是回忆出投胎前见到过的理念。

这浑似典型的"生而知之"。然而,这学说中包含着深刻的道理。

柏拉图学说中混杂着不少巫术时代的思想,今天的我们不妨把这看作寓言。谈到巫术,必须指出,切勿把它与宗教混为一谈。人们常把巫术与宗教一例看待,从称之为"原始宗教"便可看出这里发生的混淆。实际上,巫术与宗教完全是两回事,简直可说是两种根本不同的文化。巫术在哲学之前,是哲学之母;宗教则在古代哲学之后,是哲学之女。把巫术与宗教在分类上看为同类,大概是都斥为"迷信"的缘故吧。我们的基本概念中要认真清洗的实在不少啊!

"学习即回忆"学说稍作修改就会表现出其道理。学习确是"回忆"——反思。回忆什么？回忆自幼习得的语言中的客观思维，回忆自己的心之创生能力。

可见，柏拉图这一学说是康德先验论之嚆矢。

先验论之要点在于知识两来源学说，此外，还有"形式先于材料"学说。这个"先于"是逻辑上的先，意为"优先于""重要于"，并非"时间上早于"。这一点对体会"先"字十分重要。请记住，在这里同样没有时间因子。康德先验哲学讲的是前提、条件，先天综合判断是怎样可能的，未涉认识过程中何者时间上在先。人们之所以误认"先验论"为"生而知之"，乃是由于在没有时间因子的康德学说中加进了时间因子。

要深入了解"先验的"一词之意义，需了解"先天的"一词之意义。

这里同样有翻译上的问题。"先天的"一词有人译为"验前的"，后者稍好，但两种译法都易引起内含时间因子的联想。"先天的"出自《周易·乾·文言》，"先天而天弗违，后天而奉天时"，按出处，这个词含有"时间上先于"之意义，因而，用来译康德哲学术语，不很确切。康德是在"作为经验之前提、条件的""单纯形式的"等意义上用这个词的，无时间因子。

"先天的"不等于"先验的"。先验的知识一定是先天的，先天的知识却未必就是先验的，只有部分是。

"先验的"一词另有两种译法："超越的"和"超绝的"。

"先验的"与"验前的"无甚区别，因而这译法不大好。这个词的原文 transzendentale 源出于拉丁语，中世纪经院哲学习用术语 transzendent，通常译为"超越的"，康德也采用了它，但不常用，而且用时乃是指先天知识的错误使用。康德常用的词，乃是为这个词加个后缀 -al。可见，加上后缀再译"超越的"不大妥当，易生混淆。依我的陋见，译"超绝的"或许好一些，一则与未加后缀的"超越的"有所区别，二则保留了"超出"之意义。

为何一定要有"超出"之意义？

第一部分第 5 节讲"纯粹的"一词之意义时，我曾指出，在纯粹概念与经验概念之间，有一道普通逻辑无法逾越的鸿沟。我们知道，康德给自己提出的任务是重建形而上学。我们今天谈经验论，谈唯理论，谈的都是认识论。一般人都留下这么个印象：近代哲学的重心是认识论。有人由此推而广之，主张认识论是哲学的中心问题，提出一个极端论点：哲学就是认识论。这种观点失之偏颇。我已强调指出，哲学要为人类寻求安身立命之本奠定基础。认识论属于哲学，却不可当作哲学之中心。本体论才是哲学之中心。实际上，无论唯理论，还是经验论，归宿都是形而上学。他们讨论知识来源，意图仍在论证上帝之存在与全能。

但是，上帝是超感觉的。任什么人都找不到感官证据来论

二、知性为自然界立法

证有关上帝的一切命题。而经验派,如著名的洛克,却认为由经验知识出发可以证明神学。洛克实质上把神学命题也看作知识,看作与科学知识同类的知识。因此,我们可以体会,为何康德要狭义地使用"知识"一词,限定知识仅指经验的知识,他的意图在于指出神学命题不是知识。

唯物主义者维护神学,唯心主义者反倒破坏神学,这不是很奇怪吗?对我们确实有点奇怪,然而这是事实。

这些非知识的神学命题也是客观存在着的,也有用处。不管你说它们是用来骗人的,还是说它们用来维护世道人心,都是承认它们有用,确切地说,有价值。因此,这些命题是怎么做出来的,或曰"是怎样可能的",也需讨论,也是哲学问题。

康德以前的哲学图式是这样的:

此岸　　普通逻辑　　　**彼岸**
（经验的世界）（超越）（超感觉的神和灵的世界）

（神学主张的则是：彼岸 → 此岸。）

康德认为,普通逻辑解决不了超越问题,必须建立一种新式逻辑。他把哲学图式改建为:

由图可见,新式逻辑并不解决由此岸超越到彼岸之推理困

难。康德把此岸、彼岸都看作另有来源（即"心"），新式逻辑在于论证有这来源，此岸、彼岸才是可能的，以及由这来源怎样才做出此岸、彼岸两个世界。

先天知识是纯粹知识，此岸则由经验知识构成。康德写作《纯粹理性批判》一书的结构是，先从经验知识中发现出纯粹知识，并指出后者乃是前者之前提。也就是说，先弄明白先天知识与此岸之关系。而后，论证先天知识之误用（即超越地使用）创造出彼岸的命题。通过这个结构，他展开了他创立的新式逻辑。

这新式逻辑确有"超出"之功效——经验知识凭普通逻辑引不出纯粹知识；它还有"切断"之功效——把过去哲学家建造的此岸与彼岸之间的桥拆除。故称之为"超绝的"较好。

讨论译名并不是想改动已有译法。我国古代学者有个传统，在注解古书时，发现有错字、错简，并不改动原文，而只在注文中写出自己的见解。这种治学态度是实事求是的，好处之一是避免妄改古书，因为自己的见解未必就正确。实际上，也有不少妄改古书的。有的是研究者妄改，更多的是出版者妄改。结果是不少古书渐渐失去了本来面貌，给后人研究古代的情况增加了许多障碍。康德的著作翻译年代并不久远，尽管如此，对通行的译名也不宜轻易改动。若打算改动，干脆出个新译本为好。

二、知性为自然界立法

综上所述，先验哲学可以看作带有语言哲学成分的心之哲学。先验哲学处理先验知识；先验知识是从部分先天知识，论证另一部分先天知识，即关于直观、思维的纯粹形式之知识等，是怎样可能的，以及经验知识是怎样可能的，即怎样使用先验知识做成经验。

"先验的"一词之意义，由此便可得些体会。

三、物自体（本无）

至此，本书一直把物自体看作"独立于思维者"。其实，这么说也不很完全。物自体还独立于直观。完全的说法是物自体独立于心。我反复指出"物自体存在""物自体是客观的"是哲学错话，却并不否认独立于心有那么个东西。

但是，在康德哲学中，"物自体"一词之所指并不这样单一。这给他的物自体学说造成了复杂的局面，以致后来的哲学家众说纷纭。应当说，康德对此要负一定的责任。所以对"物自体"一词的清洗，包含了对康德学说的批评。

通常争论的是，康德的"物自体"一词之所指，究竟是独立于心者，还是上帝、灵魂等？这种强迫人们二中择一的问题，提法就不妥。对这问题的两类回答，都会有片面性。

实际上，"物自体"一词之所指，上述两面都有，而且还有第三面。这第三面是先验客体或先验对象，乃是纯粹概念。本书不拟讨论第三面。

物自体学说是康德哲学中的一大难题。康德面对的哲学问题极其复杂，因而难；康德为解决哲学难题所创立的学说又有毛病，因而更难。以本书的预定目标和容许的篇幅，是绝不可能全面解决这个难题的，只能揭示克服困难的若干关键点。彻底解决这个问题，要靠读者今后自己从事独立的研究。

1."物自体"一词之由来

本书开始处通过清洗"物"一词之意义，引出"物自体"一词。这大体上合乎康德的思想发展。本节以哲学史的源流说明"物自体"一词之由来。

康德在哲学观点上原属于莱布尼茨—沃尔夫学派。这一派主张哲学和科学所研究的对象是物自体。莱布尼茨的单子论，是为批判机械论创立的学说，单子是用以取代原子的最简单的存在单元；单子论比原子论更进一步，把上帝也看作单子。这样，从自然物到上帝都被莱布尼茨逻辑地连成一个整体，而所用的逻辑仍为普通逻辑。二十世纪以来，对莱布尼茨手稿的研究发现，他已创立了一种新式逻辑，从而莱布尼茨被尊为数理逻辑的鼻祖。不过，莱布尼茨所创立的逻辑，仍应归入普通逻辑之列。康德创立的先验逻辑和黑格尔的辩证逻辑，则应归入另一列。

莱布尼茨的单子，在康德看来乃是物自体，而不是自然物。

所以,"物自体"一词来源于对莱布尼茨—沃尔夫哲学的批判。针对他的哲学前辈主张哲学本体论是关于物自体的根本规律之研究,康德强调了物自体之不可知。

康德物自体学说的缺点与此来源有关。

莱布尼茨的单子论把自然物和上帝都看作单子,人(或灵魂)也是单子组成。康德通过讨论数学、物理学(严格地说,是经典力学),指出科学研究的自然物是心做出的概念,而不是自然物自己本身(物自体),于是创出了"物自体"一词。

科学研究的是物这个概念,而不是物自体。因而物自体不是认识对象,也即不可知。

另外,"知"指感性、知性联合活动,缺一不可。上帝等超出感性,缺了一环,因而也不可知。

康德似乎忘记了,自然物自己本身是独立于思维者,而上帝等是思维做出来的,单凭二者皆不可知归为一类,同样用"物自体"称呼,这就造成了错误。

康德之失误,从哲学史源流来看,可猜测是受了莱布尼茨单子一词之所指多面的影响。

下图表示几个概念之间的关系,算是小结:

三、物自体（本无）

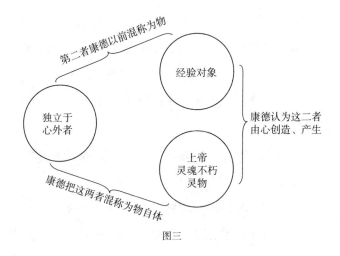

图三

2. 本无：独立于心外者

康德物自体学说既然有缺点，要清洗"物自体"一词就需先在用词上区分"物自体"一词的两种所指。

独立于心外者之所指，大略相当于我们流行的用语中"物质"一词的所指。然而，在此用"物质"一词代换"物自体"一词并不可取，且不谈"物质"一词本身就有缺点，单凭康德哲学中"物质"一词有两种用法（一为纯粹概念，一指材料），它就不可取。这样就需另谋方案。

我提议采用"本无"一词。

这个词在中国哲学史上是有过的，也有这方面的含义。用这个词翻译介绍康德哲学，不但对西方哲学要做新解释，对中国哲学也要做新解释，因而既是对中西哲学的一种比较研究，又是对西方哲学发展的促进。总之，有依据，也有好处。

实质上，"物自体"这词用来指独立于心外者，本身就有毛病。

物自体有单数、复数之区别。这就是说，我们谈论物自体时，已经用了量这个纯粹概念。

我先问你：你是怎样知道物自体是一个一个的？

你可能回答：放眼看去，物就是一个一个的，可见物自体也是一个一个的。

我要说：物理学家开始也是这样主张的。后来，他们为了解释大量观察事实，不得不提出"场"的概念。这样一来，一个一个的物自体之间就不是虚空，而是充满了各种各样的场，至少有引力场、电磁场、静磁场等。场也被看作物自体，只是与一个一个的物自体相比，是另一类物自体。再后来，又提出一种更新的看法，主张场和实物都是场，只不过实物更为密集。不管怎么说，物自体连成一片了，有的地方密，有的地方疏而已。物自体不再是分断开成为一个一个的。请问你同意吗？

还有，有的科学家做了个实验，发现人体周围有一层毫光，在穴位处，毫光较长些。有人据此主张，这是穴位理论的实验证据。还有奇妙的：当热恋中的男女二人突然相互看见，心中

三、物自体（本无）

涌起爱之激情时，研究者看到他们两人的某些穴位中的毫光突然伸长，彼此相接。请问，个人还是孤立的物自体吗？这一对恋人岂非一体化了吗？他们岂非原本就一体，只是恋情涌起时多了一层相互作用？

把物自体看作一个一个的，乃出于西方思想，而且是西方近代以来的思想。当代西方正在纠正这个传统看法。我们中国的思想反而主张物自体连成一片，有"气在人中，人在气中"之说。

你或许问：然而物都是一个一个的呀！

我说：不错。不过你一定记得，前面已讲过，物是经验对象，是思维联合直观做成的。思维把一大片混混茫茫的感觉区分成一小堆一小堆的，我们把这经过区分的片断称作知觉吧。区分之后，再把它们集拢来，粘到一个客体上去。粘有一定的粘法，是按某种图形来粘的。这样，就出了个经验对象，称之为物。显然，按上述程序做出来的物，一定是一个一个的。

你：感觉混茫一片是否与物自体混茫一片有关？

我：无关。感觉在心中，物自体在心外，虽各混茫一片，实在毫不相干。混茫一片的感觉由心去赋形，物自体却是与心不相干的。说物自体混茫一片，实在是由于不允许把它分作一个一个的。感觉则必须去分，而后才可成物。总之，量概念不可用于物自体（形也不可），只可用于造物。

你：那么康德为什么用"物自体"一词？

康德的大刀

我：饭要一口一口地吃，哲学要一点一点地讲，词要一个一个地清洗。一下子全用新词或新义，就谁也听不懂，欲速则不达。有时，先用词之旧义清洗其他词，待其他词清洗完毕再返回来清洗它，效果较好。这也算循序渐进吧。

请看你刚才说过的话："物都是一个一个的，可见物自体也是一个一个的。"这话极有代表性，一般人都这么推论，康德在《纯粹理性批判》中也这么讲过。

但是这么讲有毛病。这么推理，落实为一个一个的所谓物自体，实际上不是独立于思维者。为什么？由"物是一个一个的"，康德推出纯粹思维形式中必有量范畴。有量范畴为前提，才可能有物之"一个一个的"。这样推理是成立的。物由思维联合感觉做出，不由物自体做出。由物之为"一个一个的"推不出物自体必定是"一个一个的"。不过确实可推出有那么个东西是一个一个的。那个东西是什么？是个纯粹概念，康德称之为"先验对象"，此即"黏合剂"。

不错，康德有时把先验对象看作物自体。前面已指出物自体在康德那里有时也指先验对象。有些研究康德的权威认为这乃是康德对自己的学说还未搞得通透澄明的结果，属于毛病。我倒认为，这正好证明，"物自体"一词乃康德批判旧形而上学所创，意在指斥旧形而上学之谬。证据之一是，康德指出这样得出的先验对象已暗地里用了量范畴。

三、物自体（本无）

所以，我把你的话修改一下：物（经验对象）是一个一个的，可见先验对象是一个一个的。由于先验对象以量范畴为前提才是可能的，故它不是独立于思维之外者。

我与你的对话暂告一段落。

只要用物自体这个词，就包含有"它是一个一个的"之意义，因而用这个词指独立于心外者有毛病。

现代物理学家把场看作连成一片，实物是场的"奇点"。能这样想象独立于心外者吗？

刚才我也说过"物自体连成一片"的话。严格地说，这么讲并不妥当。物理学的对象是经验对象，用物理学的经验语言谈论独立于思维之外者，在哲学上是不允许的。最妥当的办法是用否定陈述句：不可把量范畴加于独立于思维之外者。

本书前面还说过"物自体流变"。我和你都同意，那独立于思维之外者处于不间断的运动、变化之中。问题在于说独立于思维之外者运动、变化，哲学语法是否允许？

变化是个范畴，按康德的看法，是个由十二基本范畴派生的范畴。运动，则涉及空间和时间这两个直觉形式，纵然不是纯粹思维形式，毕竟属于纯粹形式。把这些词与独立于思维之外者连用，独立于思维之外者就被拉到思维之中，在哲学上成立与否，是值得讨论的。

问题在于，说"物自体流变"时，已把实体范畴加于物自体之上。

为什么?

说"物自体是一个一个的"时,除了含有量范畴,也含有实体范畴。说"物自体流变"时,"物自体"一词已被看作同一不变者,唯有同一不变者才可言其变,且为其状态变。唯同一不变者方可命名。同样,唯同一不变者方可加定语形容,加述语造句,等等。只要把物自体作为主语造句,且造出的句子为述其性质、状态者,就已输入实体范畴于其中。这在哲学上是绝不允许的。独立于思维之外者有无性质、状态?我和你都同意,有。然而,语言只能描摹物之性质、状态。我们可以认为物之性质、状态近似于独立于心外者之性质、状态,主张我们的知识可以无限地在计算上接近后者也说得过去。只是二者从根本上是两回事,这一点必须牢记。语言能做到什么,不能做到什么,也是含糊不得的。画家画人像,画得再像,终究不成其为人。语言只能谈论物之性质、状态,如果要谈论独立于心外者,所论也不过仍旧为物之性质、状态,以物自体之名加之于物而已。

说"物自体流变"等于说"物流变",否则是哲学错话。而"物"中有实体范畴,若"物自体流变"成立,则物自体中有实体范畴,故此时不宜用来指独立于心外者。

用"物自体"一词指独立于心外者有毛病,现用"本无"一词代换物自体。

三、物自体（本无）

与"有"对称之"无"，黑格尔在他的大著《逻辑学》里已指出，与"有"一样，是纯思维规定，用来说感觉的——有感觉或无感觉。

这是相对的"无"，用来做经验概念的，用来指独立于心外者不妥当。

独立于心外者乃是无思无为之无，是绝对的无。"本"这个字表示"绝对的"。何谓"绝对"？绝者，断也。绝对者，无对也。绝对的无，即无对待者的无，也即不与"有"相对立的无，此即"本无"。

相对的"无"用以描摹无材料状态——无感觉，此乃与"有感觉"相对的状态，故此"无"与"有"相对。

绝对的"无"用以指赋形（无思无为——无赋形、不可赋形）。

这样，"本无"用来指独立于心外者是个较好的词。

3. 本无并非真如

在《纯粹理性批判》中，康德确曾稍稍清洗过"物自体"一词，但这清洗是很不够的。无论如何，他未曾提出一个新词代换物自体。然而，康德思想中包含着上述发挥出来的思想之胚芽，提出一个新词表达"物自体"一词的一个所指，并非曲解康德，乃是阐发他的学说中的题中应有之义。

其实，整部哲学史都是挖掘、阐发蕴藏在人的本性之中的"应有之义"。

"清洗"是本书的主要方法。本书"引言"提出"哲学要教人正确地说话"，因而必定采取"清洗"方法。日常的许多错误的说话方式遮蔽着我们，使我们看不见事物的真相，"清洗"意在去除遮蔽，让我们能直接面对真理。

清洗不是不说话，遮蔽我们的乃是一些话语，清洗并非简单地去掉这些话语，不说话或少说话。相反，清洗要说话，而且要说很多很多话，以去掉某些遮蔽我们的话语，使另一些话语清澈透明。

这是维特根斯坦的方法。他有一个比喻：上楼必须有梯子，上了楼却必须抛掉梯子。他写了一本几万字的书，写下一大堆命题，在结尾处告诉读者：谁要想正确地看世界，就必须排除掉这些命题。

这也是庄子的方法。庄子的比喻是，为了抓鱼，须有筌，为了捕兔，须有蹄。鱼和兔到手后，筌和蹄就可置诸一边了。厚厚一本《庄子》，不过是筌蹄而已。

因此，整部哲学史又可看作清洗以去蔽的过程。

我从中国哲学词库中取来"本无"一词代换物自体，用以指独立于心外者。对中国古代哲学中的"本无"一词也需略加清洗。由于现代西方哲学的生存主义者们喜欢谈无，为阐明

三、物自体（本无）

"本无"与他们所论的无之区别，这种清洗尤其必要。他山之石，可以攻玉。"本无"帮助清洗"物自体"，反过来，"物自体"也帮助清洗"本无"。这是发展中国哲学的途径之一。

哲学界前辈汤用彤先生在论及王弼之学时写道："群变原即寂无。未有非于本无之外，另有实在，与之对立。""此无对之本体（substance），号曰无，而非所谓有无之无。""'本无'者乃'真如'之古译。佛家因以之名本体。道安解曰：'无在元化之先，空为众形之始，故称本无。非谓虚豁之中，能生万有也。'"

汤先生这些话撮要叙述了中国古代哲学的"本无"一词之意义。这词有当今流俗哲学中"物质"之意义。此外，还有别的意义。要点在这句话："'本无'者乃'真如'之古译。佛家因以之名本体。"

"本体"一词，汤先生标出了英语中的对应词 substance，这词也有译作实体的。本书所用实体一词的对应词就是它，依据的是蓝公武译本。佛学中，实体、真如所指为一。真如之"如"字有"自身"义。"物自体"一词有译为"物如"的，所采取的"如"字之来历，即真如之"如"。

本书中所取的"本无"，并不是真如。

古代哲学中的"本无"一词中的"本"字，有"绝对的"之意义，所以我说，这个词有独立于心外者之意义。这是本书采用这个词的依据。

然而，这个"本"字还有其他意义。汤先生引用了道安和尚的话："无在元化之先，空为众形之始，故称本无。""先""始"两字不作时间词解释，毕竟表示"前提""条件"。可见，此处"本"字作前提、条件解。substance之所以译为"本体"，用意也在于指出它含有前提条件的意义。汤先生述古义曰："圆方由之得形，而此无形。白黑由此得名，而此无名。"

这个"本无"竟是行规定者！

它相当于康德哲学中"心"一词。

"真如"一词兼备康德哲学中"心""物"两词之意义。而且，"心"一词之意义为真如之主要意义。

本书采用"本无"一词，清洗掉中国古代哲学中此词所含的"行规定者"意义，单用来指独立于心外者。

古代哲学中含有距离如此之大的"心""独立于心外者"两个意义，当然不那么简单，一句话是讲不清其来由的。不过，对本书而言，讲上一句话就够用了，这里"一元论"的倾向在起作用。

我实在搞不懂为什么一元论才对，二元论就一定不对。也许，这是纯粹理性的自然倾向，以至搞哲学的、谈哲学的，非有个一元论不可，否则心里总不安宁。

可是，在这里碰上了棘手的问题：把独立于心外者归并到心概念中去，显然行不通。把心归并到独立于心外者中去，也行不通。

要解决这个困难,只能遵照"实事求是"的原则。

那就只好承认两个绝对:本无,心。这两个绝对都不可被规定;所不同的是,心为行规定者,有创生概念之能力,本无没有这种创生能力。

4. 本无与康德所论的无

在《纯粹理性批判》中,康德在一个很不显眼的地方用很短的篇幅谈了"无"。关于"无"的问题在当代哲学中占有重要地位,看来,这问题并不像康德以为的那样轻微,因此有必要提出来,促使读者留心。

对中国人来说,"无"的问题容易得到重视。这大概与我们说汉语有关。你体会一下,说"无"时的感受与说"否"时的感受一样吗?你会感到不一样。"无"的意义比否定词"不"要丰富得多。"无"可以体会为无思无形、寂然不动,而形体、规定都可以由它生发出来,此即"无中生有",因而"无"解释为本体。"不"则另样,由它生不出"有"。

对欧洲人来说,尤其对说拉丁语的民族来说,语言中没有与汉语中的"无"之对应者,单由否定词较难在哲学中提出中国式的"无"的问题。

那个词,Nichts(英译 nothing),译为汉语时,或许译为"否"好些。

康德论"无"与论范畴、论原理、论理性心理学等类似,区分四种情况。这里仅提出第一种情况讲几句。

第一种情况照例是量的情况。康德提出一个德语独有的词 Keines,指与量概念相反者。这个词蓝公武译本译作"绝无"。它看来似乎与本书所用的"本无"一词所指很接近,实际上并无共同之处。然而,康德仅仅主张这个词之所指为没有任何可指的直观与之相应的概念,因而所指为无经验对象的概念。毕竟他还承认有概念——即有知性活动,并且产生出概念,只不过未联合感性能力。他举出的例子中有意会体。这样,这种"无"并非本无。

意会体乃未借感性而单凭知性做出的概念。这当然违背知识两来源说,它不成其为经验概念也很顺理。但是,说意会体与量概念无涉,却令人费解。可见,康德的这一学说,虽然严格遵守了与其他学说之间"无矛盾性"的要求,总还显得有点毛病。

总之,康德所论的无,都可归为"无物"或"不成其为物",都属于要做成物却由于缺少某种条件而未成物。物虽未成,心之努力具在。故这四种情况的无与作为"独立于心外者"的本无,完全不是一回事。

四、物自体（意会体）：自由

"物自体"一词的"本无"之义，不是物自体学说的重点。物自体学说的价值和重点乃在这个词的"意会体"之义。

"意会体"一词原文 Noumenon，蓝公武译本译作"本体"。这与"本体论"中"本体"一词词源不同，所指和意义也都不同，为避免混淆，宜换个译名。这个词另有两种现成译名，一为"智思体"，一为"意会体"，本书取后者。

本书"引言"中曾指出，康德的划时代贡献是区分纯粹理性的两种使用——理性的使用和实践的使用，并置实践理性于理论理性之上。哲学基础经过如此改造之后，有什么样的后果呢？

第一，把人和神的世界与自然物的世界划分了开来，并宣布，神无能过问自然界，社会比自然重要，道德比科学重要。

第二，在人和神的世界中，人比神重要，神只是人设想出来以便于维护社会道德的。

第三，人要坚持道德、理想、信仰，克制情欲以合乎实践理性，这样才配享有幸福。

我国对康德关于实践理性的学说之研究是很不够的。实践理性学说不但与道德、理想问题相关，还与法权（一译权利）问题相关。我国对实践理性的少量研究，一般也只涉及道德，几乎没有触及法权问题。现在，美国一部分学者正注重温习康德的法权学说。我国正在发展社会主义商品经济，这一学说尤其有参考价值。开展对康德的实践理性学说之研究，是我们中国人的一项重要工作。

当然，本书不能过多涉及这一学说，但指出其重要性是必要的。读者也可因此而了解《纯粹理性批判》之重要——限制了理论理性的范围，实践理性的地位随着就突出了。

《纯粹理性批判》全书的概略结构如下：

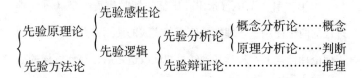

这里，先验逻辑是重心，又可作如下划分：

四、物自体（意会体）：自由

另有道德形而上学，专论理性的实践使用：

$$形而上学\begin{cases}自然形而上学\\道德形而上学\begin{cases}德性论\\法权论\end{cases}\end{cases}$$

这三个表大致表现了康德哲学的轮廓，当然是粗糙而不很准确的，例如第二表中先验逻辑与自然形而上学之对应，并不那么严格，而先验感性论也可归于本体论之中；又如关于德性、法权的基础——实践理性——之论述，也可算在本体论名下。不过，不准确的东西反倒易于借以入门。无论讲课，还是写通俗小册子，有时不得不先介绍一些不很准确的说法，而后再一步一步地清洗。

康德引入几个意会体（灵魂、自由、上帝），照例是按照普通逻辑，而后进行批判，引出先验逻辑的观点。这里用的是"推理"原则（见本节第一表）。

用意何在？康德以前的旧形而上学把灵魂、上帝都看作存在物（物自体）。但是，这与另一类物自体——自然物不同，后者能刺激我们的感官引起感觉。康德先处理自然物，指出它们说来说去不过是知性联合感性做出来的概念。现在，他要来证明，灵魂、上帝也是做出来的概念。可是，这两类概念不同，不同的要点在于有无感性直观参与。那么，这在人类理性（广义的）中是否有不同根据呢？他要证明：二者都出自（广义的）

理性，仅前提有所不同：

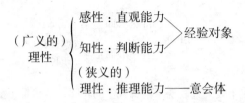

科学家以为经验对象对应一个先验对象，而这先验对象是物自体。宗教家、道德家则以为灵魂、上帝、人（康德用语是自由，意指道德主体、法权主体）都是物自体。这两类物自体当然完全不同。读者现在可以体会到，如果不清洗出个"本无"来，物自体学说不会引导我们承认独立于心外者，反而会引导我们否认它。这是康德哲学基础中的大毛病。不过，康德哲学中包含着治疗它的条件。他写成《纯粹理性批判》时已近六十岁，自知年命不久，因此急于把全部哲学体系写成并公布出来，写作时来不及推敲一些基本学说。虽有些瑕疵，但终究无以损害他的伟大，只是我们后学要多做一些工作罢了[1]。

康德的物自体学说之重要，在于证明了灵魂、上帝是"人造的"。但是，读者切不可因此轻视它们。严格地说，不应用"人造的"形容，而应如此表达：灵魂、上帝这些"理性概念"（或

---

[1] 康德本人在著作出版后不断推敲，写下大量批注和笔记，给我们后学留下了珍贵的研究资料。

四、物自体（意会体）：自由

先验的理念）乃出自理性。这是说，它们是理性必定会产生的，不是哪个人或哪群人受某种利益驱使，像捏塑像似的，随便炮制出来，而是"百姓日用而不知"，自然而然产生的。它们产生出来，我们还不知道它们仅仅是出自理性，还以为它们独立于我们而存在，因而敬畏礼拜。它们产生出来并非与我们无关，而是息息相关，须臾不可离，简直就是命根子一般，因而有价值。于是，哲学要搞清它们的来历和价值之源泉，以破除迷信，提高为信仰，因而必须对纯粹理性进行批判。

除了灵魂、上帝，还有自由。

对中国人来说，"自由"完全是个西方观念，甚至词都是外来的。中国文化传统中没有这个观念，因而中国人很难领悟"自由"之究竟意义[2]。《庄子》中有"逍遥游"。然而逍遥与自由并不相当。逍遥之主旨是逃离社会而退避到自然中去，与自然中的万物齐一，是消极的生活态度。自由却是坚持在社会中，积极地对待生活，勇猛前进。宋明道学，尤其是王阳明心学，从孟子的思想中找出一些材料，发挥出一套学说，对人的自由做了大量阐述。但是，由于未与自然划清界限，终究不如康德学说精湛。当代新儒家著名代表人物之一牟宗三，尽管对自由

---

[2] 本人近年在中国思想中寻找与康德自由意志相当的概念，确认为"诚"，引《中庸》、周敦颐《通书》证之。

学说做了许多重要推进，由于未区分物自体之两义，难免功亏一篑。

在基督教思想传播的早期，自由曾是重大的争论热点。教父们主张，上帝是全能的，因而能决定一切。近代的自然神论主张上帝不管人的日常行为，只创造规律和物质。而早期的神学家们却让上帝管理一切。不是开始创造一下，以后就撒手不管，而是不断创造。这样一来，就出现了一个问题：人干好事出自上帝的意志，这还好说。现实生活中，人也干坏事，那么，这也出自上帝的意志吗？须知，上帝被说成是最高的善，绝对的善。他是不可能有"恶"意志的！

这直接关系到人是否要为自己的罪行负责。如果恶行出自上帝意志，人就无须担负罪责。

解决方案有二。一是把最高存在者二元化，设计出一个恶意志之担负者——撒旦。但是，这样仍解决不了人为自己行为负责的根据问题。恶意出自撒旦，人有何罪？而且，撒旦存在也会令上帝难堪——上帝还是全能的吗？为何不制服撒旦？

第二方案是主张人有自由意志，即不由上帝（或撒旦）控制的意志，行善行恶皆出于自己。这样处理，人的责任明确了，惩罚犯罪分子有依据了。然而，上帝的全能又失去了，人似乎可以为所欲为。而且，从学理上看，善恶之来源及概念区别也不清楚。这一派学说遂被看作异端。

四、物自体（意会体）：自由

近代，意大利文艺复兴运动又把自由问题提出，成为争论热点。争论集中在这样一个问题上：它来源于自然，还是另有来源？

我们中国人较易接受这样一种源出于法国政治思想的学说：人的自由来源于自然。按这种学说，人的自由属于法权（另译权利），乃是天赋的人权，也即它是与生俱来的；而出生则是一种自然行为。

政治学是一门实证科学，但是，把自由看作出于自然，却会一方面导致纵情肆欲，另一方面导致专制统治。法国革命的历史已证明这种自由学说的实际后果。从哲学上看，把自由当作法权也不妥。哲学需把自由看作法权的前提，居于优先地位，而非平起平坐的并列地位。

这样，康德就面临着给自由重新确立哲学地位的任务。

他的解决方案是把自由归于实践理性，看作物自体。在《纯粹理性批判》中，自由还与灵魂、上帝并列，地位并不突出。这是以"破"为主，顺着旧形而上学的体系进行批判。在《实践理性批判》中，自由的地位突出了，上帝、灵魂都成了假设。这是以"立"为主，阐发他自己的新体系，并为从道德过渡到法权奠定基础。

说来也奇怪，康德把上帝、灵魂判决为"人造的"概念，较容易得到中国人的赞成，而他把自然物、自由的人也判决为出自理性，中国人就很难接受了。须知，这些是全都包含在物自体学说之中的！看来，这里涉及文化传统的因素。要正确了解康德，有必要审视我们自己的文化传统，不要只清洗、批判别人，同时也要清洗、批判自己！两方面同时批判，才会有真发展，只注意任何一个方面都不妥当。

康德在"先验辩证论"部分讲理性（狭义的），主要有两个方面。一是与构成知识的体系相关的方面。知性、感性联合仅做成命题，一堆命题要结构成理论体系，则需用理性（狭义的）。现代科学哲学，包括一部分科学家，例如爱因斯坦等，大肆鼓吹的"简单化原理"，其实都在《纯粹理性批判》这一部分之中。而且，康德确为大师，是大手笔，简明扼要，几笔一勾，就说清楚了。当代有些西方哲学家，写了那么多书，还抵不上康德的几个小节讲得深刻而全面。像爱因斯坦这样的伟大科学家，也侈谈哲学，受益于康德，又反转来批评康德，崇拜斯宾诺莎，显得颇为可笑。信乎，伟人不宜妄论自己专业以外的学问！

第二方面，则关乎信仰。第一方面意在阐述理性于知识的作用。第二方面则阐述理性之作用不可肆意扩大，企图对物自体（在此指意会体）也得到经验知识；而理性的理论使用为禁区之处，正是实践理性的领域——亦即信仰之领地。

下面，集中讨论第二方面，因为这既是重点，又是难点。

1. 自由是对必然的认识吗？

为了准确地了解康德哲学中自由一词之意义，先须对"自由是对必然的认识"清洗一番。

从人们说"自由是对必然的认识"这句话时的感受看，自由之所指乃是一种较高的状态或境界。不论具体含义如何，终归是褒义。

然而，我举一个反例，就可以显示这句话之不妥。

假设有一个极为高明的罪犯，作恶多端，干尽了坏事，但他熟悉作案手段和人们的弱点，巧于利用各种人，又长于逃避法律惩罚……总之，对一切必然都认识了，而且会很好地运用，以至从不失手，以善终走完毕生作恶之路。

他达到自由境界了？根据"自由是对必然的认识"，他确实达到自由了。

然而人们憎恶他。用"自由"这么美好的词来形容这么个匪类，于心不甘。

难怪佛家的"善有善报，恶有恶报"理论，在"来世说"被科学粉碎以后，就再也没有说服力了。

以认识和掌握自然规律作为道德的根基是不行的。认识和掌握了规律，可以做好事，也可以做坏事，这似乎不必论证，大家都会同意。那么，为什么却主张自由是对必然的认识呢？

斯宾诺莎曾说过,"自由是对必然的认识",有人用以支持自己的主张。可是斯宾诺莎说这话的意义并不如我们所想象的那样。他所谓的"必然"是指上帝的真理,例如死亡,谁能视死如归,在现实生活中严于持身,他就达到了自由境界。哲学家立说都注意避免被人用来为干坏事做辩护。斯宾诺莎注意了,而且,尽管他的学说毛病不少,终究不大容易被坏人利用。

或许有人会提出,"自由是对必然的认识和运用"是马克思主义哲学的基本原理,不赞成这一条原理,就是反对马克思主义。

我要回答:关于自由的马克思主义学说,确实包含着上面那句话。然而,仅这一个命题,绝不是马克思主义自由学说之全体。由于这个问题涉及面很广,在此我只提两点较重要的理由。

第一,这个命题不是马克思主义自由学说的主要内容。研究马克思主义首先要依据马克思本人的学说,还要依据他的主要著作,绝不能把我们自己的不完全的认识同马克思主义画等号。

马克思在《资本论》第三卷中有一段话,阐发了自由学说。他指出,社会生产领域是一个"自然必然性的王国"。他认为:

> 这个领域内的自由只能是:社会化的人,联合起来的

四、物自体(意会体):自由

生产者,将合理地调节他们和自然之间的物质变换,把它置于他们的共同控制之下,而不让它作为盲目的力量来统治自己;靠消耗最小的力量,在最无愧于和最适合于他们的人类本性的条件下来进行这种物质交换。但是不管怎样,这个领域始终是一个必然王国。[3]

照我们通常的理解,上面这段话所描述的已是共产主义社会了,完全认识和掌握了自然必然性,难道不是自由吗?

马克思说,能达到某种"自由",但这不是真自由,仍是必然!这种自由仅仅是必然王国中的自由。

真正的自由王国是什么?是"作为目的本身的人类能力的发展"。它在哪里?在上述必然王国之彼岸:"事实上,自由王国只是在由必需和外在目的规定要做的劳动终止的地方才开始;因而按照事物的本性来说,它存在于真正物质生产领域的彼岸。"

马克思居然也讲"彼岸"?

对!马克思也讲彼岸,而这是把握他的自由学说的关键。

"自由是对必然的认识和运用"仍在此岸,因此,这句话

---

[3]《资本论》,中共中央马克思恩格斯列宁斯大林著作编译局译,人民出版社,1975年,第926—927页。

里的"自由",即使从积极意义上看,仍不是真正的自由。真正的自由在彼岸。

要弄清这个问题,必须讲清两个问题,其一是马克思的自由劳动学说,另一是目的与目标之区别。

为自己谋生的劳动,为帮助穷人、残疾人的义务劳动,为团体或国家利益的劳动,均属"由必需和外在目的规定要做的劳动",全非自由劳动。自由劳动是类似于游戏(审美活动)的劳动,其目的在于活动本身中实现的自身能力。马克思的这方面思想中有席勒的影响,而席勒思想又源出于康德。

目的与目标之区别很重要。我们通常不区分这两个概念,说"目的"时,赋予的却是"目标"之意义。目的即上引马克思言论中的"目的本身",目标则为上引文中"外在目的"。大致说来,目标为必然王国中的,目的则在自由王国中。例如和平,打仗打累了,要争取一个喘息时期,休养备战,这时争取的和平,属于目标。用理论词句说,则为"和平是两次战争之间的间歇时期"。这种和平,与战争同在此岸,在必然王国。另一种意义上的和平,则是作为理想,它与战争水火不相容,在于永远消灭战争。这意义上的和平,就是目的,在彼岸、自由王国。自从康德写了《永久和平论》后,到今天,和平已成为人类的理想。

上述两个问题,都涉及深刻的哲学基础学说,这么三言两语是讲不清的。只有精研康德的《判断力批判》和马克思的一些著作,才能搞清大体上的轮廓。

第二,关于"必然",要区别自然必然性与历史必然性二者。自然必然性的王国中没有真正的自由,而历史必然性就是真正的自由本身。

关于自然中的必然与自由问题,马克思的看法具见上面引文,此处无须重复。而康德的看法,下面即将展开讨论。这里对历史必然性等于自由稍说几句。

从字面上说,所谓自由就是自己决定自己的发展,不由外在因素、外加目的决定。而自己的发展既然是循着确定的趋势进行的,就是必然的。因而自由即必然。

历史必然性观点,是德国哲学家谢林提出来的,黑格尔发挥了这一学说。按黑格尔的看法,精神才有发展,自然界无发展。所谓"自然界无发展"一向被误会为黑格尔反对宇宙进化论、生物进化论。这是未弄清楚黑格尔用"发展"一词表达什么思想所致。黑格尔承认自然界有运动、变化、进化,但这不叫发展,这些都是实证科学的课题。只有思辨哲学才研究发展,那完全超出了实证科学的能力。

顺便说说,有些学者以为马克思抱着一种进化论的乐观主义态度看待历史,判定马克思受了达尔文的决定性影响才提出了共产主义学说,这是误解。之所以会产生这种误解,在于不懂辩证法与进化论之间的根本区别。具体地说,在于未弄清"发展"一词在辩证法中的意义之究竟。于是,人们把马克思的历史唯物主义等同于实证主义社会学。实际上,那种社会学只研究社会变迁,而不涉及社会发展。

黑格尔认为,历史是精神之实现。精神有发展,历史也有发展。发展是自由之展开,因而即必然。所以,历史必然性即自由。

何谓自由之展开?我举一个事例用作比喻。

大家都熟悉象棋。何谓象棋?它是一个由有一定画法和结构的棋盘,一定名称、放置处、步法的棋子和走棋规则构成的整体。应当说,象棋一发明出来,全部有关战略战术和理论,就包含在象棋概念里面了,只是当时还没有人把它们发现出来而已。

后来的一系列理论家和象棋大师,不过是实际上把这些本来就包含着的东西展现出来而已。如果我们把这些研究象棋的人看作"历史主体",那么,似乎是他们在制造"历史"。如果反过来,把象棋看作"历史主体",那么,棋手和理论家就不过是象棋表现自己、发展自己的工具!

黑格尔不是说过一句人所共知的话吗?他称拿破仑是"骑在马背上的世界精神"。人们说这是赞颂拿破仑,我说,这同时也是贬低拿破仑。他是说,作为"历史主体"的世界精神,以拿破仑为工具来实现自身之发展!

象棋展现自己有一定步骤。先被人们发现有哪些着法,后被人们发明有哪些战略,是有一定次序的。象棋史有一定长度后,只要悉心研究,会发现此中的逻辑联系。此之谓"逻辑与历史之一致"——历史是按精神的逻辑次序展开并实现出来的。这就是必然性。它当然是历史必然性。

而这完全是由精神自己决定的,没有其他东西可以有决定性影响。拿破仑或许不合乎精神自我发展的需要,那他或许一时违拗必然性,但最后终究会被唾弃。这叫偶然性。然而,必然性正是通过这一切偶然落到它手里的人物为自己开路的。既然只有精神自己才是决定性力量,它就是自由。

黑格尔的"自由"概念虽与康德不同,继承关系却十分明显。至少在两人把自由归于理性之普遍性,而不赋予感性之个别性这一点上,是一致的。

历史必然性即自由,根本无涉认识。任何人都不可能超越自己的时代,摆脱自己的民族,就像他不能超出自己的皮肤一样。最高的认识,仅仅是达到自知之明,如此而已,岂有他哉!

2. 关于自由与必然的二律背反

康德谈自由,是在宇宙论部分。这一部分有四个二律背反,自由问题是在第三个二律背反中提出来的。

这里"必然"指的是自然必然性，康德在《纯粹理性批判》里未涉及历史问题，所以无所谓历史必然性问题。我们也不能说，康德把自由与必然对立起来，就是否认历史必然性。从上节可知，正因为康德如此把二者对立起来，并划开为两个领域，才有日后谢林、黑格尔的历史必然性学说。

现在人们常常把"二律背反"错误地理解为矛盾，而且由此指责康德只看到四种矛盾，而未看到世界充满着矛盾，这是未弄清康德思想的结果。

四个二律背反之正题，均属唯理论的主张，反题均属经验论的主张。康德对两方面都反对，何况这里说的二律背反与我们通常所说的矛盾，简直是风马牛不相及。

我们不妨从一个例子谈起。一条狗饿了，旁边有一块肉，它就会扑过去吃。如果是训练有素的警犬，无驯犬员的命令，它可忍住不吃，但那是畏惧惩罚，是长期训练建立起来的条件反射。现在，有一个人饿了，旁边也有一块肉。他不会立即抓起肉来吃，他要考虑这样做是否有权以及是否合乎道德，例如，这块肉是否属于自己？如果属于他的话，他可能会考虑父母妻儿是否饿了，该不该让他们先吃，等等。

狗的行为是自然领域中的，合乎必然规律；人的行为是自由领域中的，合乎道德法则。

四、物自体（意会体）：自由

经验论主张，人不吃肉，是考虑后果。假如这肉是别人的，吃了就等于偷窃，后果是罚款或坐牢，损失更大；不止于此，还有损名誉等等。按他们的看法，人的行为是一系列自然事件的因果连环中的一环，这因果连环无始也无终。由此推论：人全无良心可言，一切行为都是对利害关系精打细算之后决定的。于是，人的行为单纯由心理学研究就可得到完满说明。

按这派的观点，人与动物的区别，在于人巧于计算，以至"量变到质变"而成为"万物之灵"。总之，二者区别在于狡猾程度。换言之，人与动物的区别在于理论理性之发达程度有"质的不同"，而不在于实践理性之有无。

必须指出，这是一种相当有害的学说，而不幸的是，我国目前信奉这种学说的人相当多。常常听到有人解释某人贪赃枉法时说："他有难处呀！不这么干日子混不下去呀！"根本不提"良心"二字！谁要插言"他还有没有良心！"就会受到一种异样的目光，仿佛插言者在推他下绝境，在谋害他，不被斥为迂腐不明时务就算好的了。你要讲道德吗？如果攻击的是我的对手、敌人，便一起拊掌大笑、击节称赏，说："你真是浩气凛然！"而一旦要我也遵守同一条道德规则，那就对不起，立刻变脸，嘴上说很有道理，心中暗骂"真不是东西！"暗嘱自己"以后要提防这家伙！"

这是把道德当作了武器，武器是杀敌不杀己的。这出于不承认先验的自由，只承认经验自由——运用阴谋诡计，甚至运用道德规则，达到纯熟自如的程度，最大限度地为自己谋利益。

康德反对经验论的主张，认为必须讲先验的自由。异代同心。南宋的理学家说出"饿死事小，失节事大"的极端言论，总是有感而发的。有人批评"礼教吃人"，我想，那些大学问家大概正是为了防止有人吃人才倡导礼教的，以后他们的某些只言片语被意图吃人者拿去利用，也是他们所始料不及的。恐怕吃人的不是礼教，欲吃人者何物不可资用，岂止礼教？尽可批评理学家的某些言论之不妥，但诬称他们意图吃人，却是不妥，这也要分清主流、支流。有人反对讲道德，好像发展生产力就用不着顾及道德似的。康德处于资本主义上升初期，他可是极其重视道德，而且是真要道德，极力杜绝一切借用他的学说去吃人之可能。难道我国现在反而不需要讲良心、讲责任、讲道德？问题在于，要讲道德自律，反对讲他律。反对一切道德是不对的，要反对的是他律，要树立自律以取代他律。不能因为他律就否定道德，实质上，只有自律才配称道德。

而自律正是先验的自由。

唯理论主张先验的自由。但是，他们也有错误，表现在宇宙起源问题上。经验论主张自然界的因果连环无起点无终点。对此，康德是同意的。经验论反对人的行为由先验的自由决定，则是康德不同意的。唯理论这一派则主张人的行为由先验的自

四、物自体（意会体）：自由

由为原因，康德赞同。而唯理论主张自然界的因果连环也有一个先验的自由作为创始的原因，则为康德所反对。

我由我的父亲生出来。父亲是我存在的原因。宇宙难道不同样有一个天父作为原因吗？

这在逻辑上，是把"万物必有起点"推广到了万物之"总体"——宇宙。然而万物都是受条件限制者，宇宙却是意会体——不受条件限制。具体到先验的自由与自然因果连环的关系问题中，是把先验的自由这个原因错误地放到时间中。

这比较不易领会。还是看吃肉的例子吧。

人饿了，看见肉，或吃或走开，是完全自由的——这原因乃是作为先验的理念之自由。吃了肉不饿了，于是活了下来；或肉里下了毒，吃了反而死亡；或毒药剂量不足中毒却未死；或肉是一个坏人放在那里，吃了后被胁迫干坏事，等等。未吃肉，走开了，于是饿死；或未吃毒肉，饿昏过去，幸好来人救活了他，等等。这种种情境，出现在各种小说或电影中，读者尽可随意想象。归总起来，那一切都属于自然的因果连环，只有必然而没有自由。这种种情境，都在时间中，也可在时间中定个起点加以描述。

吃肉或不吃肉并非由自然的原因决定是否必然如此。其他一切则是按必然顺序出现的。在自然因果连环中找不到吃肉或不吃肉的自由原因，这自由作为原因就一定不是时间上的。饿死或中毒，均有规律，何时痉挛，何时口吐白沫，均有一定时间，是必然的。决定吃或不吃，却找不出一条普遍适用的规律，以时间为自变量。同样饿极了，同样有肉在旁，他吃而我不吃，证明有自由。

先验的自由是在自然现象系列之外，为非时间性的原因，唯理论错在把上帝作为时间序列中的原因加给自然。

总括康德对两派的批判，可见康德承认有先验的自由为人的行为的原因，但这原因不是自然因果连环中的前行状态，它是非时间的，而自然因果连环中的前行状态则是有时间的。于是，康德否定了宇宙有一个创始的自由作为原因。我们可以看到，康德的学说好比一把双刃剑，一面刃砍掉了经验论的任性论，另一面刃砍掉了唯理论的上帝。有人认为康德的功绩是把经验论和唯理论结合了起来，这种观点实在不恰当。

3．物的二重性

有些事，不细想，似乎当然如此，一旦细想，便感惊奇。就拿刚才那块肉来说，他吃下去可以解饥，增加营养，我吃下去同样可以解饥，而且比他更需要，乃是为了救命。作为自然，这一切都合乎规律。然而，这块肉不属于我。我对它没有所有权，只好忍住饥饿眼睁睁看着它，直至饿死。从自然角度看，这太没道理，从社会角度看，这才是正理。看来，要从双重立场看人。

《拿破仑法典》里规定：凡在结婚以后怀胎的婴儿，以该夫为父。这条规定中没有要求必须从该夫怀胎，也就是说，法权关系上的父亲，可以不是血缘关系上的父亲。显然，这里有社会立场与自然立场之区别。

古印度的《摩奴法论》里规定，寡妇可以从被授权的叔、伯那里怀胎生子，以继承亡夫的财产。这说明，即使在古代社会，法权关系与血缘关系之间也没有必然的联系。

如果规定由血缘关系确定法权关系，那么，这一规定便属于法权关系，就没有自然的必然性。理由很明显。也可以不由血缘关系确定权利；或者，各民族依不同的原则由血缘关系确定权利。

在实际生活中，确实是依双重立场看人的。一种是把人看作自然物的立场，于是有生理学、心理学等等。另一种是把人看作社会物的立场，于是有法律学、伦理学等等。在康德的术语库中，前者称作现象体（Phaenomenon），属于自然；后者称作意会体（Noumenon），属于自由。

那么，双重立场在哲学上的前提是什么样的？

康德哲学的基本观点之一，是把整个世界分成人和物两大块，要了解人的二重性，先要讲清物的二重性。他在《纯粹理性批判》中着重讲的，正是物的二重性。

当代中国人理解物的二重性是比较容易的，因为大家都学过马克思的政治经济学，知道商品有二重性——使用价值、交换价值（或称价值），而且知道，交换价值（价值）表现的实质上是人与人之间的社会关系（而不是自然关系）。

社会关系可以分成两大方面：义务方面，由伦理学和神学处理，关于这个方面的哲学研究，属于道德哲学和宗教哲学；法权（或译权利）方面，由法律学、经济学、政治学处理，关于这个方面的哲学研究，属于法权哲学（通常译作法哲学，但不够准确）。马克思重点研究的是后者，而且是与经济学关系较多的那一部分。

康德在《纯粹理性批判》中讲物的二重性相对集中的部分，是"先验分析论"的最后一章，标题是"一切对象一般区分为现象体与意会体之根据"（蓝公武译作"一切普泛所谓对象区分为现象与本体之根据"）。这一部分非常难懂，主要原因有二：

第一，康德始终没有区分物自体的两个意义。

第二，康德当时讲自由仅仅局限于道德和宗教，也就是说，局限于人的义务方面。在《道德形而上学原理》和《实践理性批判》中，他仍局限于这个方面。直到发表《道德形而上学原理》，这时是1797年，距《纯粹理性批判》发表已有十六年，他才阐发了人的法权方面。

由于物自体有两个意义（本无，意会体），所以，所谓"物

四、物自体(意会体):自由

的二重性"在康德那里应当是"物的三重性"。许多专门研究康德哲学的专家没有看到这一层,造成了解释康德哲学的重重困难。当然,这责任主要还在康德本人——他自己未区分清楚物自体的两个意义。

$$物\begin{cases}现象\\物自体\begin{cases}本无\\意会体\end{cases}\end{cases}$$

或者:

$$物\begin{cases}本无\\现象\\意会体\end{cases}\begin{matrix}\\自然\\自由(社会)\end{matrix}\Bigg\}物的二重性$$

由上表可见,本书说物的二重性,指的是自然的、社会的这二重性。

然而,物作为意会体,不会有自由——人才有自由。这就是说,对物无义务可言。对物只有法权可言——不是物有法权,而是人对物有法权。由于康德在"一切对象一般区分为现象体与意会体之根据"一章中想引出人的义务,为讨论道德和宗教奠定基础。实际上讲的不是人而是物,但又未涉及法权,故造成这一章十分难懂,搞不清作者思想的脉络。

所谓人对物的法权(权利),指的是对物的占有。占有有两种:经验的占有,意会的占有。经验的占有就是肉体的占有,也就是使用。例如工厂里的机器,由工人操作和保养。工人对机器的占有,称作经验的占有。但是这机器是资本家的财产,资本家占有这机器，这种占有就是意会的占有。因此，人对物的占有，在法权意义上，是意会的占有。这就是所谓异化。占有也是二重的，占有的二重性来源于物的二重性。所以，物的二重性其实指使用上的和法权上的两方面。这样，就很容易理解物自体单、复数的意义了。物自体用在"本无"意义上不应有数的意义，所以，名词写作单数（但没有"一个"的意义）。

物自体用在"意会体"意义上，可以用复数，有下列三种情况：1.上帝、灵魂不朽、自由，这是三个理念，为复数；2.人作为意会体，是一个一个的个体，有复数；3.物作为意会体，是人（作为意会体）的占有物，因而也是一个一个的个体，有复数。

于是，我们就容易理解康德说"意会的占有是占有物自体"（《道德形而上学原理》《法权论》§5）到底是什么意思了。被意会地占有的物自体，不是本无，而是意会体——表达的是人与人之间的法权关系（按康德术语，应称之为"纯粹实践的"关系）。

这里碰到一个困难：意会体（不论人，还是物）怎样区分为一个一个的？

本无是不可区分的。现象可区分：经验对象是一个一个的，用哲学术语表达，这叫作量范畴可用于现象。

然而，做成经验对象有一个必不可少的前提：必须有直观

四、物自体（意会体）：自由

参与。更具体地说，须有感觉成分。因而，经验对象之所以能区分为一个一个的，是因为有感觉。

但是，意会体是超感觉的，是不可感性直观的。马克思在论到商品的交换价值时，也反复强调了价值是非自然的、超感觉的。

不过，康德在论到意会体意义上的物自体时，是留有余地的。他不是笼统地说意会体不可直观，而是把直观分为两类，一曰感性直观，一曰智性直观；他认为人只有感性直观，没有智性直观；同时主张，神或另一类存在者有智性直观。说康德留有余地，指的是为智性直观留有余地。论到智性直观，须注意两点：

第一，引入智性直观的目的，主要是为了解决物自体（作为意会体）为何也能看作一个一个的（以及运用其他知性范畴）这个问题。

第二，智性直观与本无不相干，而是与自由（具体地说，人的法权）相关。不少康德专家把智性直观搞到知识论研究中，是不妥当的，根源在于未分清物自体的两个意义，而这与康德本人未把问题的实质看清有关。

意会体既然不可直观、超于感觉，为什么还可以区分为一个一个的？

实际上，物既有二重性，又是统一的。这不是说意会体可以脱离开经验对象而独立存在,而是说二者其实是一个统一体。形象地说,意会体好像"附着于"自然物之上。马克思说商品是使用价值(物理的、化学的等性质的综合)与交换价值(人与人之间的社会关系)之统一。读者可由此体会自然物(经验对象)与意会体(占有对象)之统一。马克思还说,商品形态的谜一般的神秘性质在于,人与人之间的社会关系,表现为自然物的关系。读者可以从自己熟悉的马克思学说中体会还不那么熟悉的康德的思想。马克思在《资本论》"商品的拜物教性质及其秘密"一节中所指出的,正是商品二重性的社会存在一面,作为交换价值,并不脱离使用价值而独立存在,因而取得了"一个一个"的存在方式。

总之,意会体之所以可以区分为一个一个的,是因为它与经验对象结合为一个统一体;既然经验对象是一个一个的,意会体随之也是一个一个的。

其实,讲"物的二重性",已经先设定了物是统一体——二重方面之统一。

顺便谈谈在《实践理性批判》中有一节关于 Typus(关文运先生译作"范型")概念。这个概念非常难懂,以至牟宗三先生在翻译《实践理性批判》时,对这个概念加了长达 15 页的"疏释"。牟先生原居住于台湾,现居住于香港,是享誉世界的中国哲学家,对康德哲学有专门研究,是当代的大权威之

四、物自体（意会体）：自由

一。不过，以我的陋见，他对Typus（他不赞成译为"范型"，主张译为"符征"——符号、象征）的疏释尽管详明，仍有缺点。他局限于讲人，局限于讲义务，没有讲法权和对物的占有。缺了后一个方面，Typus的意义是讲不完全的，也很难让人理解。当然，他这么做也是有原因的。他是在中国的传统思想中考虑问题，而中国的所有权不发达，传统思想中缺少对意会体的法权意义的探讨，连康德本人也是七十多岁才从哲学探讨法权问题。在德国，对法权问题的探讨，经过费希特、黑格尔、马克思、齐美尔，才逐渐完备。何况，牟先生讨论这个概念的地点，也局限了他，使他不易发挥开去，所以，是可以谅解的。

总的说来，对意会体意义上的物自体（本无不行！）之所以可以用知性范畴，乃是"模糊"了对经验物体的理论态度。与此同时，康德一再指出，按理论地使用理性的本来要求，意会体上是不可以用知性范畴的。这样用既然是必要的，而且事实上人们一向这样用，用了就一定有道理，于是，他称这样用为实践地使用理性。因此对意会体取理论态度不当，取实践态度正当。

4．人的二重性：人是目的

对物的二重性搞明白了，人的二重性就比较容易理解。

康德的大刀

人的二重性，一在自然方面，另一在社会方面——包括法权、义务二者。采取双重立场看人，在哲学上的前提就是一切对象（物和人）都要区分为现象与意会体两个方面。在康德哲学中，这由感觉和感性直观作为判据。（马克思在《资本论》中区别使用价值、交换价值所用的判据与康德差不多。）

从上文"机器"的例子中不难看出，对物的所有权，是对意会体的占有。本书已指出，物实质上有三重性。对物的占有，既不是占有本无（独立于心外者），也不是占有经验对象——那实质上是知识中的经验概念，占有是对意会体的占有。可见，占有表现的是人与人之间的社会关系：我占有这个意会体，意味着与这个意会体统一着的本无（使用的当然是本无而不是经验概念）之使用由我决定，他人无权过问。

于是，这样一来就十分清楚：物自体作为意会体，不来源于自然，与本无毫不相干！反而来源于社会，来源于人与人之间的社会关系。在康德看来，人与人之所以有社会关系，在于人是意会体；而人之所以是意会体，则在于人是自由的。

这就是说，物之所以有意会体的一面，根源在于人是自由的。

对我们中国人来说，人的二重性还是比较容易理解的，但对其中的一方面——人的社会性＝自由，却很难理解。难点在于，社会性为什么一定就是自由？

四、物自体（意会体）：自由

社会性当然未必就是自由。"社会性＝自由"仅仅是一个具有历史性的命题，对某个特定的社会的某个历史发展阶段适用。然而，在康德哲学中，这是一个基本问题，得到康德充分的肯定。我们难以理解这个命题，在于我们的思维传统在现实生活中没有相应的土壤。

在康德那里，自由的意义首先在于人不受自己的自然冲动左右，即自律。人既是感性存在体（自然物），又是理性存在体（意会体）；一半是恶魔，一半是天使。那么，让什么力量支配自己的行动？当然应当由理性支配。阴谋诡计也是理性，由这样的理性支配吗？当然不行！阴谋诡计属于理论理性，马基雅维利的《君主论》不属于伦理学。这里要讨论的问题是道德哲学，因此，要诉诸实践理性。人有各种各样的自然冲动：追求财富的冲动，追求权势的冲动，追求异性的冲动，追求舒适的冲动，等等。如果人只在自然冲动的驱使下运用理论理性，孜孜不倦实现确定的目标，那么，他就是不自由的。

自由的第二层意义在于其社会性。康德主张，不论做什么，总应该做到使你的意志所遵循的准则永远能够同时成为一条普遍的立法原理。

这是一条定言命令，即绝对的、无条件的命令。它要求普遍性，即对任何人在任何情况下都成立。

它是命令，因而表达的是义务：必须这样做！命令与规劝不同。规劝靠的是实证规律,如"假如你不这样行动,就会吃亏","假如你这样行动,就有好处"。命令是不论吃亏与否都必须执行的。

它是定言命令,因而在根本上与利害无涉。一涉及利害,就包含了经验的成分,包含了自然冲动,因而不成其为纯粹形式的。"定言的"却是纯粹形式的。

更重要的是,在它的普遍性中透露出这样一个消息:社会中的每一个成员都是自由的。为什么?对你如此,对他人也须如此,方称普遍。每一个人不仅要意识到自己是自由的,而且要承认他人是自由的。必须每一个人如此。每一个人的自由是他人自由的前提。如果一部分人有自由意识,另一部分人没有自由意识,就不存在普遍性。在这种情况下,有自由意识的那部分人不会真有自由。孟子曰:"君子所以异于人者,以其存心也。君子以仁存心,以礼存心。仁者爱人,有礼者敬人。爱人者人恒爱之,敬人者人恒敬之。[按:这两句话的成立是有前提的——被爱、被敬的人也是君子,也以仁、礼存心、待人。]有人于此,其待我以横逆,则君子必自反也:我必不仁也,必无礼也,此物奚宜至哉?其自反而仁矣,自反而有礼矣,其横逆由[按:通犹]是也,君子必自反也:我必不忠。自反而忠矣,其横逆由是也,君子曰:'此亦妄人也已矣。如此则与禽兽奚择哉?于禽兽又何难焉?'……"(《孟子·离娄下》)照孟子

四、物自体（意会体）：自由

这段话看，他已有自由意识了，要按定言命令待人。可惜的是，常常遇到"妄人"——即没有自由意识的人。哪怕你这个有自由意识的君子再三反省、检查自己，"妄人"照旧毫无感动，待你以"横逆"。怎么办？孟子教导说，你就把他看作禽兽，不与他计较，走开算了。大概在当时的中国社会中，孟子没有遇见多少个君子，所以他十分感慨，说出一句不大中听的话："人之所以异于禽兽者几希，庶民去之，君子存之。"这是把庶民通通斥为禽兽了！有一位学者引用孟子的一些言论（如"良贵"——人的尊严）证明中国文化传统中有自由意识。孟子本人确实有自由意识，后来明朝的王阳明发挥了孟子的思想，提倡"致良知"，使一批士大夫觉醒了自由意识。但是，这只能证明中国古代的思想传统中有自由意识，不能证明国民意识中普遍地有自由意识。这怎么能说"文化传统中有自由意识"呢？孟子的言论证明，在他所处的时代，广大的庶民还没有自由意识。在这样的情况下，一小群有自由意识的"君子"终究不会有真正的自由。他们的自由意识，由于把广大的庶民不看作人，也不是真正的自由意识。

自由要求相互承认，这称作自由的社会性。

自由的第三层意义是"应当"。第一层意义是自律。自律是相对他律（受自然冲动支配）而言。如果人没有二重性，那么有两种情况。一种是人为自然物，此时人与禽兽没有区别。

可见人与禽兽的区别在于人的行动受实践理性支配。另一种是人为灵物,这时人与神没有区别。自由成了必然——神、灵必然地遵循道德法则行动,就像自然物必然地遵循经验规律运动、变化一样。

恩格斯认为,"动物从事有意识有计划的行动能力,……在哺乳动物那里则达到了已经相当高的阶段"。"整个悟性[按:即知性,译名不同而已]活动,即归纳、演绎以及抽象,对未知现象的分析、综合,以及作为二者的综合的实验,是我们和动物所共有的。就种类说来,所有这些方法——从而普通逻辑所承认的一切科学研究手段——对人和高等动物是完全一样的。它们只是在程度上(每一情况下的方法的发展程度上)不同而已。……相反地,辩证的思维——正因为它是以概念本性的研究为前提——只对于人才是可能的,并且只对于较高发展阶段上的人(佛教徒和希腊人)才是可能的,而其充分的发展还晚得多,在现代哲学中才达到。"[4]

可见,恩格斯并不是泛泛地以理性区别人与动物。他认为辩证的思维人有而动物无。康德的学说具体详尽,突出实践理性。由于实践理性与理论理性并不是两种理性,乃是一个理性,一用于自然(理论的使用),一用于自由(实践的使用),在这

---

[4] 恩格斯:《自然辩证法》,人民出版社,1971年,第157—158、200—201页。

四、物自体（意会体）：自由

意义上，才说动物没有实践理性。

人的行动如果只受自然法则决定，那么人与动物无异，这称之为他律。如果由道德法则决定，人就成其为人，这称之为自律。人与禽兽之区别在于人是自由的，禽兽是必然的。自由是人的本性。（在西欧语言中，本性与自然是一个词 Nature，因此这句话有时译作：自由是人的自然。）

社会是人与人之间的关系之总和。什么关系？法权（权利）和义务上的关系。这就是说，社会是人们相互之间的法权关系、义务关系之总和。而人们之所以相互发生法权上的、义务上的关系，在于自由是人们的本性。因而，之所以有社会，乃出于人是自由的。

但是，人有二重性，他还有必然的一面——为感性存在体，俗称"动物性"。

假如人仅仅是意会体，那么，他的行动就会自动地（必然地）合乎道德法则。然而，人有二重性，他还是感性世界的成员，因此，他的行动就应当合乎道德法则。

这也就是道德法则为什么一定表现为一条命令之来由。

至此，列出了自由的三层意义：自律、社会性、应当。既然如此，为什么还要说"社会性未必就是自由"？

自由是人的本性，这就是人们能结成社会之先验的前提。然而，社会的人未必能意识到自身的本性，这时，称之为人尚没有自由意识。打个比喻：人在知道自己有心脏之前，心脏早就在起作用了；心脏病人在知道自己患病之前，它的心脏早已有毛病了。人们认识自己的本性同样须以有此本性为前提。所不同的是，人们对自身的自由本性的意识有着决定历史的作用。人意识到自己心脏有病，心脏病之好之坏取决于自然法则。奴隶一旦意识到自己失去了自由，意识到自己不应当处于奴隶地位，就会致力于取消奴隶与奴隶主之间的法权、义务关系，也就是说，反对奴隶制，于是推动了历史发展。正因为如此，才可以说，对自身的自由本性之意识（简称自我意识），有着决定历史的作用。

当人们还没有达到自我意识之相当程度的发展时，所表现的社会性就不是自由。也就是说，人的本性尚未在人们相互之间建立的法权的、义务的关系上表现充分。请注意，此时，人的本性仍是自由，这是毫无疑义的！只是由于自我意识不够，未表现为应当有的社会关系，这时社会关系的主导原则是他律。

于是有历史：社会从自然状态向自由状态发展。于是，德国古典哲学提出了人类社会之理想：历史是自由之实现（参见黑格尔《历史哲学讲演录》）。这也就是康德提出"人是目的"所包含的理想。

"人是手段"局限于视人为动物，未看到人的本性乃是自由。承认自由是人的本性，就必定得出"人是目的"之命题。"人是目的"实质上等于"自由是目的"。康德开始是在道德哲学中提出"人是目的"之命题的。这个命题要求每一个社会成员严于律己,恪守道德法则,以基督教僧侣的刻苦修行态度过世俗生活。简单地说,"人是目的"意味着追求道德上完善如上帝,做一个圣人。

然而,除了义务,还有法权!除了道德,还有经济、政治!

于是,自由必定展示出全面的社会关系。"人是目的"不仅仅是道德理想,它隐含的社会理想迟早会发挥出来,而且,确实由康德以后的思想家发挥出来了。

5. 砍掉造物主(物理的上帝)

在康德身上可以辨认出对上帝的两种态度,一种是他的家庭(通过母亲以身作则教他做人道理)传给他的,另一种是学校(通过讲授自然科学)传给他的。在他身上有两个教派:虔诚派和自然神论。对上帝采取什么态度,对人就会采取相应的态度。康德骨子里接受了虔诚派的态度,学理上却一度被自然神论所左右,这使他一度以自己富有知识而有优越感。

这种对待人的态度,与他后来宣称的"人是目的"之态度,是不相容的。自然神论实质上以物理学或理论理性看上帝,因而上帝是造物主,不但创造人的肉体,而且创造人的衣食之源——自然界。按这观点建立道德哲学，难免流入经验论，使人陷于他律。

康德以前的形而上学，以理论理性建立神学。康德重建形而上学，出于对神学而言理论理性是无能为力的，于是折而寻求实践理性。他终于在学理上也采取了虔诚派的态度，可以说康德的批判哲学继承了马丁·路德宗教改革的基本精神。

海涅说，康德的《纯粹理性批判》是砍掉自然神论头颅的大刀。这句话的意义可以从《实践理性批判》里一个提得直截了当的问题中体会出来：

上帝概念是属于物理学的概念，还是属于道德学的概念？

康德的答案：上帝概念属于道德学的概念。

康德把一切对象划分为现象体与意会体。本书已指出，按康德的看法，无论是物还是人，都有二重性，它们既属于感性世界，又属于意会世界，是现象与意会体之统一。上帝概念只属于道德学而不属于物理学，这等于说，上帝不属于感性世界，只属于意会世界，乃是单纯的意会体。

用我们这里通行的语言说，上帝不属于自然，只属于社会，乃是单纯的社会存在。

上帝是社会存在？

是的，上帝是社会存在。他是人的社会存在的理想形态。人的理想不是成为圣人吗？何谓圣人？"从心所欲，不逾

四、物自体（意会体）：自由

矩"——一切行动完满地符合道德法则的要求。圣人既然是人，就有七情六欲，但是能完全掌握在合乎实践理性的自律之中。上帝无情欲，他是单纯的实践理性。他就是自律自身，完满的善。这不是人的理想吗？

上帝是人的抽象。把生生不息的人分裂为二重的，分裂为现象体和意会体两面，是一次抽象。把作为意会体的人，或称作人格，再作一次抽象，即为上帝。

康德引出上帝概念，是在道德的范围中考虑问题之结果。然而，上帝概念的本性，却包含着法权，因而必定会深入到人的历史之领域中。

为什么？

上帝概念既然不过是理想化的人的社会存在，而人的社会存在按康德的见解其本性乃是自由，因此上帝即自由。自由实现为历史，所以，黑格尔说，历史是上帝的显现。他这话的意思无非是，历史是人的本性（自由）一步一步地显现出来的。德国古典哲学的历史观大体上就是这样。历史是有终点（或译目的）的。这个终点在彼岸——也就是说，在意会世界之中。它的名称有几个，自由是一个，上帝也是一个，完善的人当然也是，还可以称作绝对、真理等。历史必定向着这个终点发展，每个人也应当且必定向着这个终点发展，而且发展必定经历几个特定阶段，这就叫作历史必然性。自然必然性在"此岸"，在现象世界、感性世界中。历史必然性在自由领域、"彼岸"、目的王国、意会世界中。自然必然性与自由之间有一道鸿沟，不可逾越。历史必然性却就是自由本身，是历史和自由之显现，在显现过程中，自由既是历史的动力又是历史的目的。

这是上帝概念必定与历史相关的理由，它已由德国古典哲学的实际发展表明。

另外还有一方面，是需着重阐明的。

康德否定了在他之前各家关于上帝存在之证明。认为那些证明都依据形式逻辑和因果性原理，都局限于根据对感性存在体的经验来证明上帝的存在。

康德也否定上帝的存在吗？既否定又肯定。否定了上帝在感性世界的存在，肯定了上帝在意会世界的存在。

那么，关于上帝创造世界，康德持有什么见解？他认为，上帝不创造现象，只创造物自体。

那么，康德不承认上帝创造自然界啰？

还不可立刻下断语。这里，"自然界"之所指是什么？若指经验世界中的对象之总和，说"康德否认上帝创造自然界"是成立的。若自然界指本无，问题就复杂化了，需进一步讨论，康德说"上帝创造物自体"，"物自体"一词之意义究竟是什么？

这里，康德学说的缺陷暴露得很明显。如果"物自体"一词在此有"本无"之意义，那么康德仍坚持旧神学的基本观点：

上帝创造自然界（指本无）。如果"物自体"一词在此单纯地指意会体，那么康德的上帝观就是全新的。

康德的观点到底怎样？

本书已指出，在康德那里，只讲了物与人的二重性，实际上却有三重性，关键在于物自体的两个意义。而康德实际上已显露了物自体的两个意义。但是，他未发挥清楚，而且很可能他自己尚未注意到这一点。于是造成了他的学说中有许多难以理解之处，给研究者造成重重困难。

问题集中到：上帝创造物自体——创造的是本无还是意会体？

解决问题的关键在于：本无与现象之间的界限有那么森严吗？

讨论知识论问题时，区别本无与经验对象，确有必要。同样地，指出二者之间的对应关系也有必要。这种立场，按我们这里通行的哲学语言，叫作唯物主义立场。

讨论到意会体问题时，必须区别的，既有意会体与经验对象之不同，又有意会体与本无之不同——须知，我们面临的是三重性，而不是二重性！

不幸的是，康德常把意会体与本无混为一谈。这确有原因——二者皆非经验对象，故皆"不可知"。然而二者之根本不同：本无乃独立于思维者，意会体乃理性所产生的，此点却被忽略了。

在我们的日常用语中，本无与经验对象一般并不严格区别。康德区别开这二者，确有贡献。由于我们中国人通常不区别这二者，而且对这问题很感困难，故研究康德哲学确有必要。

在中国人心目中，"自然"一词之所指就是本无，因而在论及社会时，对"意会体"一词之所指较容易领会。

其实，康德在讨论感性世界与意会世界之区别、现象体与意会体之区别时，已不大故意严格区别现象体与本无之界限，常发生把二者混为一谈的情况。实际上，德语在日常使用时也不严格区别本无、经验对象二者，稍一疏忽就发生混淆，这不值得奇怪。

总括上述讨论，不难看出，康德谈物自体（意会体）与现象体之区别的同时，还谈了自由与自然——这自然有"本无"之意义，但他此时却将本无与经验对象混淆为一了。

上帝是物自体，这物自体指意会体。康德讲得十分的清楚。上帝是一个概念，而且不是由知性联合感性做出的经验概念，乃是由纯粹理性推理得出的理念。可见，上帝不是本无，乃是纯粹理性作理论的使用所产生的。

上帝是"人造的"！

本无却不是人造的——乃是独立于心外者！

上帝是意会体。意会体只可能"创造"意会体。上帝创造

四、物自体（意会体）：自由

物自体，这物自体只可能指意会体。

上帝创造人，人指意会体的人，即有义务、法权两方面的关系。上帝创造人，即创造社会关系。这就是说，上帝创造的人，不是指人的血肉之躯，而是指人与人之间的社会关系，这就是社会。因而，上帝创造人实则是上帝创造历史。

上帝创造物，即创造物自体——意会体。物之意会体是人与人之间的法权关系，仍为社会。因而，上帝创造物实则是上帝创造历史。

总之，康德的命题"上帝创造物自体"不包含"上帝创造自然界（无论感性世界，还是本无）"之意，只包含"上帝创造意会体（人与物）"之意义。由这命题可发展出"上帝创造历史"之命题。

物理的上帝被砍掉了，保留下来的只是道德的上帝。在道德哲学中，上帝也仅仅是假设，其功能是为人的道德努力树立一个楷模。灵魂不死同样是假设。因为人的意会体"附着于"肉体（本无，但康德说成经验对象——"感性世界的成员"）之上，肉体却是有限的、必死的，为鼓励人们不放弃道德努力，需认定灵魂（意会体）不死。这当然不是为了恐吓现实的人：若不努力从善会在死后到地狱受苦。这样假设，是为了安慰现实的人，向他们指出：今生你当然不会修炼到完满的程度，因为你是有限的，尽管有终点（目的、彼岸），但那是无限的，今生你是达不到的；不过，你还有机会，来生可以继续修炼，如此一生一生地不断修炼，总会渐渐地接近终点。康德的自由学说所给予世人的，就是这样一种僧侣式的苦修前景。

道德的上帝终究也会毁灭。康德的自由学说毕竟以人为中心，虽然抽象化了，以理性为中心。然而，上帝终究会暴露他的真面目——人。他也不会局限于道德，而要表现出法权的一面。经济、法律、政治、外交、历史终究会进入哲学的视野。结局是：上帝与自由画了等号，即与人的实践理性画了等号，历史不过是上帝（或自由）之显现，上帝连历史也不创造了。

这时，取消上帝概念的时代便来临了。

这个时代是19世纪末来临的，现在仍未结束。但无论如何，我们都应该永远记住：砍向上帝的第一刀是由康德挥动的，这把刀就是《纯粹理性批判》。

结　语

造物主观念对我们中国人来说是相当陌生的，因此我们中国人很难体会自然神论的上帝概念。在中国一般民众的头脑里至今还残存着的由神构成的系统，类似于古希腊奥林匹斯山上的诸神，只不过组织方式不同。我们的玉皇大帝是人间皇帝的化身，与其说他是造物主，不如说他是人世间、海里、阴间、天上还有仙境的最高统治者、管理者更为恰当。在西方人看来，中国人的精神世界还停留在人类的童年时代，自诩为沉稳持重的中国人至多不过是老成的少年而已。而自然神论却属于人类青年时代的幻景，青年人思想还不够成熟，需要有一个精神支柱寄托自己的信念，等到成年自信时，这幻景就会被抛弃。

中国人当然不会同意西方人的这种看法。但是，至少得承认中国与西方有着不同的传统文化、传统观念，因而难以相互理解，以至往往以自身为尺度衡量对方。我们中国人很难相信西方人对造物主有着狂热的信仰，反倒倾向于认为自然神论不过是一种阴谋诡计，在尊崇造物主的幌子下行私心和情欲之实。

正确的态度或许是设身处地。涉及精神世界，要做到设身处地非常之难——那等于放弃自己的传统文化和立足点而投身到对方的精神世界中去。

在西方，上帝观念实际上经历了很多变化。大体说来，到十二三世纪（中世纪），上帝在民众心目中是一个造物主，即世界万物的创造者。他全智全能，什么事情都过问，不但出现一个新品种的动物出自他的意志，连一个凡人动念做一件事也出自他的意志。奇妙的是上帝掌管一切全然不忙不累，一切都秩序井然。从这么宏大的宇宙和无限多的事务中显现的秩序，证明了上帝能力无边无际地伟大。

中世纪末，自然科学渐渐昌明，人们逐渐知道自然界有自身规律。规律的存在意味着上帝意志不起作用，这个道理很明显——既然自然界事物运动、变化依规律进行，因而我们人类能够认识并加以利用，那就说明上帝并不插手自然物的运动、变化；说明人类可以预测自然界的变化，不必担心上帝突然改变主意而自然物的变化超出常规，使人措手不及。

但是这对宗教产生了一个严重后果。

自然规律的存在证明上帝不管自然界运行，那岂不是说上帝的智慧和能力并不是无边无际的？这岂不是对上帝之伟大的亵渎？！

这岂能容忍！

然而，自然科学对人类有许多用处，科学家又会讲道理，

结　语

易于使人们——至少是青年精英——信服。

于是就要在科学和宗教之间寻求一种调和的途径，以求安定团结。有一位天才想出了一条妙计：干脆，把规律说成上帝创造的。这样，上帝之伟大就不会遭贬损了。这个学说被大家（教士和科学家）接受了。

于是，自然神论的上帝仍是造物主。同以前的上帝之区别不过在于，以前的上帝非常忙，他的行为是连续创造。自然神论的上帝则是一次创造，创造出物质世界和规律就歇手不管了。伟大的牛顿主张上帝作"第一次推动"，他是个自然神论者，他的论调是典型的自然神论学说。

当时的自然观是机械观，整个世界被想象为一架大机器。所以，自然神论解释自然界还是足够应付的。然而，在解释社会时却遇到了困难。尤其当一涉及道德问题时，按自然神论的学理，就要主张幸福主义，结果必定导致社会风气败坏，人们越来越自私自利，以致不择手段、阴谋诡计盛行。而且自然神论否认人的自由，倡导历史宿命论，剥夺人的独立自主权，这些与当时西方社会人自我意识日渐觉醒的状况是完全不相容的。

德国人是虔诚的宗教徒。马丁·路德倡导和领导的宗教改革运动，与欧洲南部的文艺复兴运动虽有继承和遥相呼应的关系，并有共通的趋向，却有一个重大的不同。这不同我们今天仍看得到——意大利、法国至今还是天主教势力的地盘，尤其法国更典型，新教热闹过一阵，天主教不久就复辟了！后来法国大革命赶走了罗马教皇的代理人，拿破仑称帝时为了争取广大法国农民的支持，重新请回天主教！意大利则与中国很接近，是西欧诸民族在国民性上最像中国的。意大利黑手党至今赫赫然威震西欧、北美诸国，为其他欧美民族望尘莫及。在欧美诸国中，意大利劳动者至今仍是责任心、自觉性最差的，这些都与日耳曼人形成鲜明对照，德国人自觉性最强。南欧人倾向于把自由理解成为所欲为，德国人却倾向于把自由理解成高度自觉——这很有点像中国儒学强调的"君子慎其独也"。

在德国，自然神论是不那么适合其传统的，因而先是流行斯宾诺莎的泛神论。泛神论的上帝不是造物主，而是弥漫在整个宇宙之中因而无所不在的诸神。我国的哲学教科书一般认为斯宾诺莎的上帝实质上是物质，泛神论实质上是无神论。这与当年迫害斯宾诺莎的犹太教长老们的看法是相同的，不同的是，无神论在他们是一条罪状，在我们却是一句赞词。不过，黑格尔认为，斯宾诺莎泛神论与其说是无神论，不如说是无世界论。看来，应该承认黑格尔的看法较为得其实。为什么这么说呢？因为北欧日耳曼民族诸国民间盛行的是万物有灵论——颇似于我国民间一般民众的信仰，认为到处都有小精灵（如狐、猬、蛇、兔、山精草魅之类）活动着。这种观念接近于物活论——把物看作与人相似，有生命。万物有灵论较侧重于物，而不是侧重

结　语

于灵。从万物有灵论跳过自然神论过渡到泛神论比较容易，因为这两种学说中都没有造物观念。泛神论则主张精神的上帝显身为宇宙万物——侧重于精神，而不是侧重于物。因此，身为日耳曼人且住在德国的黑格尔，体会泛神论的实质总比我们中国人要接近事实。而犹太教长老们的愤怒是出于斯宾诺莎否定了神是造物主，他们斥责斯宾诺莎学说为无神论，潜台词是斥其学说为"无造物主论"。

斯宾诺莎坚持的仍是精神第一原理，他关心的是道德和生活态度问题。他把他的主要哲学著作称作《伦理学》就很能表明他关注的到底是什么，由此不难体会到他的思想为什么会在德国受到欢迎——这在当时是很危险的，因为斯宾诺莎早已被宣布为异端分子并革出教门。

但是，德国人自古以来就崇尚个人。马丁·路德主张个人无须通过教会而直接与上帝交往，莱布尼茨提出单子论以强调个体性原则（斯宾诺莎则倾向于整体性），都体现着日耳曼民族的古老传统。斯宾诺莎思想之不能合于德国人的要求，是显而易见的。

学院里盛行的是自然神论和莱布尼茨—沃尔夫哲学。与斯宾诺莎哲学较多关心道德稍有不同，莱布尼茨哲学兼顾到自然。康德早年是自然科学家，信奉的是自然神论和莱布尼茨—沃尔夫哲学。他崇尚知识，迷信"知识就是力量"，以为有知识才有尊严,而没有懂得人本来就有尊严。后来卢梭的思想影响了他,使他认识到人的尊严并不来自知识,而来自德性。他从小生活于其中的一向被知识压抑得晦暗的宗教信仰,现在被卢梭的书唤醒了。他认识到一个诚实而虔敬的普通劳动者,比一个知识渊博而没有良心的学者,更配称作人,更有尊严而值得尊敬。人在宇宙中到底处于什么样的位置?如果以知识多寡为衡量尺度,那么人不过是万物中的一物,一粒微尘而已。如果以德性为衡量尺度,那么人是至高无上的,是整个世界的真正中心。(童年的新教信仰被长久的学院生活中学习自然科学所接受的自然神论所遮蔽,现在有了复活的倾向。)不止于此,康德更进一步。他毕竟是个伟大的思想家。

十分明显,自然科学本身并不需要假设一个造物主——那是与天主教教义妥协的产物。斯宾诺莎主义也摧毁着造物主观念。哲学中关于造物主存在的证明,在逻辑上矛盾重重——这逻辑毛病仅靠形式逻辑无力清除,要到康德创立了先验逻辑之后才一目了然、充分表现出其荒谬性。

同时,上帝观念对于维持道德还是必不可少的。灵魂观念也不可少——如果此生修行达到不了神圣地步,还可以在来世继续修行,因此,人们不必因为成圣人太难而灰心丧气、放弃道德修养。此外,还要为人的自由留有地位,给社会地位日益上升的资产阶级争取权利提供学理上的根据,并且要做到不因

结 语

此而忽视道德，以保证资产者保持光辉形象，不以财势炫人，而以德行感召、吸引世人。

康德面临着这样多方面的要求，要满足所有这些要求是极为困难的。不过，只要探到根本，所有的难点就都会迎刃而解。康德正是因为找到了这根本而成为划时代的伟大哲学家。这个根本就是先验哲学，其核心是物自体学说。阐述这个哲学之基础的书是《纯粹理性批判》。海涅称此书是砍掉自然神论头颅的大刀，赞誉得并不过分。

康德通过把一切对象区分为感性存在体（自然物）和意会体，并证明上帝属于意会体，而把上帝驱逐出了自然界，割断了上帝与自然界的任何关系——不仅不存在于那里，更谈不上创造自然物。上帝从此只好住在社会里，因为社会是意会世界，是诸意会体构成并居住的地方。这个地方，康德称之为自由领域。虽然康德有时也说上帝创造物自体，似乎上帝仍保留造物主的地位，实际上作为学理正式提出的却是把上帝看作一个假设。因此，当康德在他的法权哲学中透露物自体实质上是所有物（即相当于马克思所说的商品之价值体）时，上帝（也是物自体＝意会体）的实质终于暴露了。原来，康德塑造的上帝，竟是资产者社会的保护神。他不仅不是造物主，反而是人类的创造物。确切地说，康德的上帝是资产者（即商品生产者和所有者）的创造物。他的用处在于维护资产者社会所需要的道德——公平交易而不欺骗,等价交换,为了"人人为我"首先要"我为人人",而"我为人人"表达为"我为上帝"——上帝是人们之化身。上帝还使资产者的活动——工业和商业——显得圣洁和高尚。总而言之,上帝成为资产者社会所要求的道德和理想之人格。如果说,自然神论的上帝像是一个宽厚的封建主,不过多地干涉资产者和劳动者合规范的活动。那么,我们也可以说,康德的上帝表明资产者的力量已足够强大,连一个宽厚的封建主的监护都不再需要了。

自然神论的头颅——作为造物主的上帝,就是这样被砍掉的。

读者或许已从本书所举的一些例子中体悟到,我们日常所见所闻的任何现象都有道理可寻,哲学家从事的工作便是把道理揭示出来。

这本小册子涉及的哲学问题并不多。有的问题,例如我们常常体会到某人极有魅力,他怎样会有如此魅力?我怎么会体会出他的魅力?本书完全未曾涉及。而这些现象中当然也有道理。本书只讨论了康德《纯粹理性批判》里的若干基本观点。虽然涉及的问题不很多,却都是很重要的。要入哲学之门,须亲自读康德的原著,还须扩大阅读面,涉猎更多的著作。要深研哲学,

结　语

须把哲学中阐述的道理与生活现象联系起来。哲学本来关心现象之道理，不把道理返回去同现象挂钩，怎能体悟道理？

道理玄虚难懂，人们易于接受的却是实证的理论。道理中最难懂的，便是关于人的理想之道理，那似乎是无法证明的。确实，如果把证明理解为实证，那是无法证明的。

哲学的证明——如果仍用证明这个词的话——其意义不是实证（感性的、经验的证明）。康德称作先验的证明，黑格尔则搞出了个辩证法，胡塞尔的现象学方法，海德格尔的阐释学方法，他们所从事的实际上是同一个工作。概言之，是从人的本性阐发人必将走向何方。

大哲学家说的话当然不会全对，何况从我们当下暂时的状况看，有些话会显得讨人嫌。只要我们自己超脱些，不被一时好恶和利害遮蔽，不过分看重人有时难免的错误，就会从大哲学家的著作中发现真理——我们本来就是为寻求真理去向他们讨教的，本来就不打算吹毛求疵。

真理难以信从。之所以如此，是因为先已在真理与自己中间隔下了一道屏障。实证方法之所以不能证明真理，正因为使用实证方法的前提是设下屏障、坚执屏障。人们之所以首先求助于实证方法，也因为他们习惯于这道屏障，而去除了屏障反而无所适从。

通向真理之路就是去除屏障。

真理就在人的本性之中。或进一步，真理就在自身之中。真理即自身。

在禅宗的经典著作《坛经》中，记载了六祖惠能得五祖弘忍大师传与衣钵的经过。我们不必相信这记载全属事实，可以把它看作禅宗的南宗弟子们讲的故事，但也不妨认定这是寓言，从而去寻绎其中传达的道理。

《坛经》告诉我们，有一天，五祖召集众弟子说："世人生死事大，汝等终日只求福田，不求出离生死苦海，自性若迷，福何可救？汝等各去自看智慧，取自本心般若之性，各作一偈，来呈吾看，若悟大意，付汝衣法，为第六代祖，……"

这篇讲话简直是申斥众弟子修行全无正果！《坛经》接着还描写了众弟子怎样见风使舵，认为五祖的大弟子神秀必定是接班人，犯不上作偈而得罪神秀，因而都歇手观望。于是，神秀在墙上写下了一首偈：

  身是菩提树，
  心如明镜台，
  时时勤拂拭，
  勿使惹尘埃。

这首偈表达的境界确实不高。"心如明镜台"，就是说，真

结　语

理与自身之间隔有屏障。这屏障就是镜子！再勤快，不停地擦，有什么用！镜台再明，也是遮蔽，且此蔽乃自己设下的。

神秀挨了批评。五祖弘忍把他叫来，说："汝作此偈，未见本性，只到门外，未入门内。如此见解觅无上菩提，了不可得。无上菩提，须得言下识自本心，……如如之心，即是真实。若如是见，即是无上菩提之自性也。"真是循循善诱！五祖还叮嘱他好好地想想，过几天再作一偈，可以说寄予厚望了。

可惜，神秀执迷不悟，陷于常人的实证方法中难以体悟真理（无上菩提）。

这时，惠能针锋相对地作了一偈。他不识字，托别人写在神秀的偈的旁边：

> 菩提本无树，
> 明镜亦非台，
> 本来无一物，
> 何处惹尘埃。

五祖见了，知道惠能已撤去屏障，了悟自性，深为赏识，遂于深夜秘密召见他传法，付与衣钵，立为六祖。

新黑格尔主义者克洛纳（Richard Kroner, 1884—1974）在他的著作《从康德到黑格尔》一书中指出，康德所表现的是整个德国思想传统的基本精神,那就是"从自我的本质去了解事物的本质",绝对真理要到自身之中去找。

我们不能说,康德已把这工作做得彻底。我们已看到,在《纯粹理性批判》中,康德先揭示了物由心生,而后又揭示了上帝、灵魂、人的意会体也都由心生,因而不能同意牟宗三先生的看法——"在西方的传统里,并无真正的唯心论"[1]。他认为,西方所谓"唯心"只是观念论,这是对的。我们一般把Idialismus译为唯心主义,而不遵照旧译作观念论,确实不大妥当。康德称自己的哲学为先验观念论,也是描述得当的。然而,我们不可抹杀他开创西方"真正的唯心论"传统之贡献。心(Gemüt)的概念在他的哲学中占据着极重要的位置,使我们有时可以说,康德哲学简直就是西方的心学。

但是,康德毕竟执着于形式,主张形式在先,因而未摆脱观念论。他的心学虽然已具创始之功,却局限于心的物化(做出经验对象)和灵化(做出意会体)能力,按中国人的眼光看,乃是只完成了一半的心学。康德哲学表明,西方思想还要经过一段时间,经过几代大哲学家的努力,才能达到伟大的中国智慧早已达到的胜境。

只要去读更多的书,并且学会体验生活,你就会看到这一切。

---

[1] 牟宗三:《现象与物自身》,台湾学生书局,1984年,第366页。

附录一 论康德的"人的存在二重性"理论[*]

康德说到人的存在之二重性（zwiefache Art）时，说人是感性世界中的现象体（Phänomen in der Sinnenwelt），人又是知性世界中的意会体（Intelligenz in der Verstandeswelt）。[1] 意会体看作物自体（*Ding* oder Wesen *an sich selbst*）。

我们先讨论物自体，而后讨论意会体。

一、物自体

康德认为，物自体是作用（affizieren）于我们产生感觉的、

---

[*] 本文为向"康德在亚洲"会议（2009年5月，香港浸会大学主办）提交的会议论文之中文版。

[1] er sich selbst aber auf diese zwiefache Art vorstellen und denken müsse, beruht, was das erste betrifft, auf dem Bewußtsein seiner selbst als durch Sinne affizierten Gegenstandes, was das zweite anlangt, auf dem Bewußtsein seiner selbst als Intelligenz, d.i. als unabhängig im Vernunftgebrauch von sinnlichen Eindrücken (mithin als zur Verstandeswelt gehörig). (AK Ⅳ 457)

Intelligenz这个词有多种中文译法：理智、智力、灵物等。牟宗三译为智思体，用了"体"字，突出其实体性的存在物意义，较好；但思字不佳——盖出于意识，非出于思。不如译为智识体。

现象背后的东西。(KrV A19/B33, GMM AK Ⅳ 451) 物自体又归入意会世界 (intelligibele Welt)。有时他又称这个世界为原型的世界 [die *urbildliche* (natura archetypa)], 感性世界是这个世界的对应者 (Gegenbild, L.W.Beck: couterpart), 称作摹本的世界 [die nachgebildete (natura ectypa)]。(KpV, AK43)

现在我们要问：康德设超感性自然 (die übersinnliche Natur) 是感觉的来源，意义何在?

康德十分清醒地看到，本体或曰物自体，只是一个思想。他首先从人们思维的一般倾向出发，知性会不满足于感性的现象 (Erscheinung), 会从现象体思及本体。他进一步说，即使是现象这个概念本身，也引使人们牵扯出本体概念。这是因为，现象概念意味着与某物的关系，而这某物是一个不依赖感性的对象。(KrV A251、252)

这里必须提及先验客体或先验对象。先验客体 (das transzendentale Objekt) 是 = X 的某物，是感性表象联结在它上面从而具有客观实在性的概念 (A109, B139)。康德有时又把它写成先验对象，明确地说，它只是个关于某物一般的思想，不是本体。(A253: Das Objekt, worauf ich die Erscheinung überhaupt beziehe, ist der transzendentale Gegenstand, d. i. der gänzlich unbestimmte Gedanke von Etwas überhaupt. Dieser kann nicht das *Noumenon* heißen; 另见 A109。) 先验客体表达杂多之

统一性，是纯粹统觉之统一性的相关者（Correlatum）。而本体概念即物自体（A254/B310，A256/B312），是个限制概念，限制范畴在感性直观范围内使用。康德在 B 版中增加了肯定的本体之说，前提是有理智直观（intellektuelle Anschuungsart）。（B307）然而在自然领域绝不可以容许把世界划分为感性世界、知性世界。（A255/B311）

把物自体作一个思想看，或许说明康德已经有了现象学思想。也可能康德只是恪守先验逻辑的原理，尚未自觉到现象学。在逻辑上十分明显：可以使用复数的、作为个别物的某物，如果看作物自体，至少要使用实体性、单一性两个范畴——但这样就不再是物自体。如果不使用复数，物自体就是一个整体，不分别为物。这在逻辑上就可以推断。现象学立场要求更为彻底，取消个体物之可能性。这样，就不能说有个对象作用于我，只能说我受到了作用。

在 GMM 中，康德有个伟大的思想。他说，最普通的知性（der gemeinste Verstand, the commonest understanding）凭着称之为情感的判断力（durch eine dunkele Unterscheidung der Urteilskraft, die er Gefühl nennt/by an obscure discernment of judgement which it calls feeling）都能形成物自体概念。（AKIV450–451）我称之为伟大的思想是因为他说出了人们是怎样知道有物自体的，重要之处在于他归之于心之情感能力。可惜在第三批判中未充分展开这一思想。

然而,他立刻把物自体与知性世界等同起来。他说,我们不会知道这些物自体,我们知道的只是它们对我们的作用(affizieren)。但我们却永远不能和它们接触(näher treten),永远也不知道它们是什么。这样就区分了感性世界、知性世界。[2]

确实。每一个普通人的生活经验使他们确认有个别的物自体。人们尽可认定他的身体只是个现象体、概念;尽可认定父子、夫妻、雇用、债权债务等关系是本体的、概念的,却难以确定他吃下的东西,怀抱的配偶、子女仅仅是现象体或意会体、本体(无论否定的还是肯定的)之概念。这样的情况也属于不能接触(ihnen nicht näher treten)?似乎不得不采用有逻辑毛病的物自体一词,并认定,感觉是这物自体作用于感官的产物。(若要避免使用这词,须采取现象学立场。)乃至我们讲解哲学之始也须使用物自体一词指称那引发感觉的对象。

二、意会体:思维主体

意会体(Intelligenz)一词基本上用来指主体。其第一义

---

[2] sie uns niemals bekannt werden können, sondern immer nur, wie sie uns <u>affizieren</u>, wir <u>ihnen nicht näher treten</u>, und, was sie an sich sind, niemals wissen können. Dieses muß eine, obzwar rohe, Unterscheidung einer *Sinnenwelt* von der *Verstandeswelt* abgeben...

附录一 论康德的"人的存在二重性"理论

是思维主体。

康德曾经用意会体（Intelligenz）指"我思"（Ich denke）、自身意识（Selbstbewußtsein）、心（Gemüt，准确地说，应是纯粹统觉 die reine Apperzeption）对自身自发性活动（Actus der Spontaneität）之意识[3]。在《纯粹理性批判》B 版 §24，康德特别回答了究竟应当怎样理解"我"的问题。下述句子是典型的：*Ich*, als Intelligenz und *denkend Subjekt*...（B155）在这个句子里，"我"被看作意会体和思维主体。这就是说，意会体意思是思维主体。

那么这个"我"究竟是什么？

康德对笛卡儿的"我思故我在"（*cogito, ergo sum*）作了绝妙的阐释。cogito 比 Ich denke 或 I think 好，好在主语没有显现，

---

[3] Das, *Ich denke*, drückt den Aktus aus, mein Dasein zu bestimmen. Das Dasein ist dadurch also schon gegeben, aber die Art, wie ich es bestimmen, d. i. das Mannigfaltige, zu demselben gehörige, in mir setzen solle, ist dadurch noch nicht gegeben. Dazu gehört Selbstanschauung, die eine a priori gegebene Form, d. i. die Zeit, zum Grunde liegen hat, welche sinnlich und zur Rezeptivität des Bestimmbaren gehörig ist. Habe ich nun nicht noch eine andere Selbstanschauung, die das *Bestimmende* in mir, dessen Spontaneität ich mir nur bewußt bin, ebenso vor dem Aktus des Bestimmens gibt, wie die *Zeit* das Bestimmbare, so kann ich mein Dasein, als eines selbsttätigen Wesens, nicht bestimmen, sondern ich stelle mir nur die Spontaneität meines Denkens, d. i. des Bestimmens, vor, und mein Dasein bleibt immer nur sinnlich, d. i. als das Dasein einer Erscheinung, bestimmbar. Doch macht diese Spontaneität, daß ich mich *Intelligenz* nenne. (KrV B157-158)

完全表达"思"活动本身。康德在《纯粹理性批判》的理性心理学部分对 cogito 作了详细展示（A346/B404 以下），并在 B 版的范畴演绎部分加入了有关段落。（§16, B132）确认 sum（"我在"，Ich bin，I am）源于 cogito 对自身的意识。意识 Bewußt 是个重要的词。cogito 是 Gemüt 之活动，更确切地说，是 Gemüt 之一种能力之活动。对此，康德有两种说法。一说为纯粹统觉能力之综合统一活动（§16，B132）；一说为知性行规定的能力或曰其自发性（§24，B157）。活动意识自身是康德发现的重要思想。他用自身意识 Selbstbewußtsein 称呼纯粹统觉，并用以解释思维主体、我。特别由 cogito → sum 这一飞跃，按康德说法，即此自身意识变格为"我"作为意会体 Intelligenz 之存在。意会体 Intelligenz 之所以不能看作存在体，乃是由于人类没有理智直观（intellektuelle Anschauung）能力。

最令人感到玄妙的是，这种自身意识怎样就变成了意会体。从词义解，有了"我在"就确立了"我"，只不过这个"我"不是个感性存在体，须看作意会体。正式的演绎，应属在先验辩证论中关于理念的推理：思维主体之绝对统一的概念，是通过理性的定言推理之综合。（A335/B392）简约地说，就是由理性经过推理活动把返身意识转化为意会体（本体）。

三、意识 Bewußt、直观 Anschauung 之解析

由于智性直观在当代中国哲学中被牟宗三先生反复使用，变得很重要，因而此处有必要有所澄清。牟宗三先生对康德的智性直观学说极为不满，他认为康德否认人有智性直观是完全错误的。中国哲学的成就证明人有智性直观。

智性直观（intellektuelle Anschauung）是康德讨论知性存在体（Verstandeswesen）能否肯定使用时提出的概念。知性（或曰其自发性活动）以范畴规定感性直观，构建经验概念——从本体论角度看，这就是构建感性存在体。如果有知性存在体，那么须由自发性使用范畴规定智性直观。然而人类没有智性直观能力，所以知性存在体不可能得到规定。这就是说，智性直观与知性（自发性）行规定相关，是知性得以行规定之必要前提。

然而牟宗三先生由此引申而来的智的直觉，是一种较高级的认识能力，其功能是直接领会良知（即天理＝仁义礼智），与构建知性存在体关系不大。显然，牟先生所说智的直觉，与康德的 intellektuelle Anschauung 不相当。

牟宗三先生还认为，康德主张自由是公设，就是主张良知（自律）并非呈现。

牟先生的解释或许未够准确。如果把 Bewußt 译作观照，上述两个问题都可解释通。

Bewußt意义是觉察、知觉，可以理解为"照""观"，有直觉义。cogito是知性之活动，是自发性规定感性杂多的活动。cogito观照自身的活动即Bewußt；由于这种活动是返身的，因而这种Bewußt就是Selbstbewußtsein。与牟先生所说的智的直觉相当的，不是intellektuelle Anschauung，而是自发性（"我思"）反观自身的活动（Selbstbewußtsein des cogito）。中文的"观照"，相当于康德哲学中的Bewußt而非Anschauung。

既然是Selbstbewußtsein，就是自发性（Spontaneität，也即cogito）之返照，即向自身呈现。如是，良知是呈现而非公设的问题也解决了。

康德大量使用Bewußt(sein)，但研究者们对这个极其重要的概念似乎解释和讨论得不够充分。笔者行文到这里，颇感困惑。或许在这里遇到的正是个重要环节，可以说明cogito怎样就一跃而变成了sum、I，而无须求诸理性的推理。[4]

还须补充说明的是，不要把cogito拆成I与think两件事。cogito这个词很好，直接显现自发性活动自身。我的理解是cogito → sum → I。用英语表述，就是I=I think。"我"是"思"

---

[4] 下面两个例子明显地展示这个概念之重要。KpV: ebendasselbe Subjekt, das sich anderseits auch seiner, als Dinges an sich selbst, bewußt ist（V97）; das *Sinnenleben* hat in Ansehung des *intelligibelen* Bewußtseins seines Daseins (der Freiheit) absolute Einheit eines Phänomens（V99）。

反观自身所成之相。不是我在思。本来没有我。是思在思，思把自身看作我。在德语中，denke 本来内含了 Ich，但是语法上不允许这样说，所以这个 Ich 还是必须说出来。在英语中，单说个 think 并不表示是 I，I 必须明确地说出来。我读到英语作者 the "I" of "I think" 甚至 the "I" of cogito 的表达，颇感滋味不对。所以我想，如果康德注意 Bewußt(sein) 并作阐发，在他的哲学中给予重要地位，这些理解会更深刻、准确。[5]

四、意会体：道德主体

以上是思维主体之来历。"我"，意会体 Intelligenz，还是道德主体。

在研究实践理性时，康德主张意会体是原因概念。论及理性的实践使用，称行为之原因为意志，各派哲学家不会有分歧。

---

[5] 康德大量使用 Bewußt 一词，也有所讨论，但意义甚多，显示他似乎尚未将其提出来作为重要专题。如第一版"驳灵魂是一个人格"的标题就是 Was sich der numerischen Identität seiner Selbst in verschiedenen Zeiten bewußt ist, ist sofern eine Person。在整个这一段的讨论中，许多地方赋予 Bewußt 的意义有本文所说的"观""照"活动。(A361-366) 但是，在第二版范畴演绎部分集中使用这个词时，意义又是多种的。只是在 §16 结尾处又显示了"观""照"活动之意义：Ich bin mir also des identischen Selbst bewußt; ich mir einer notwendigen Synthesis derselben a priori bewußt bin。(B135)

即使在一般民众中也找不到歧见。康德的贡献在于区分出自由意志，即从意志概念引申出自由。他给出的论证，是把自由意志、自律性、自身立法证明为可以互相替换的概念，并把这种能力升格为存在体—意会体 Intelligenz。

在《实践理性批判·前言》中，康德宣布，这个批判旨在阐明，有纯粹实践理性。换句话说，人是自由的。尤其重要的是，他宣称，没有与思辨理性相商，实践理性独自也给超感性对象——自由获得了实在性。[6] 这里讲，自由看作对象，即看作存在体。[7] 康德关注道德行为之主体是否有客观实在性。

由于本论文要回答的问题是"人是什么？"所以这里仍然聚焦于"道德主体为何物？"之问题。

在 GMM 中，康德较多使用意会体（Intelligenz）一词。他

---

[6] ...praktische Vernunft jetzt für sich selbst, und ohne mit der spekulativen Verabredung getroffen zu haben, <u>einem übersinnlichen Gegenstande der Kategorie der Kausalität, nämlich der *Freiheit*</u>, Realität verschafft, (obgleich, als praktischem Begriffe, auch nur zum praktischen Gebrauche,) also dasjenige, was dort bloß *gedacht* werden konnte, durch ein Faktum bestätigt.L.W.Beck: Now practical reason itself, without any collusion with the speculative, pro-vides reality <u>to a supersensible object of the category of causality, i.e., to freedom</u>. 但是, Diese Postulate sind die der *Unsterblichkeit*, <u>der *Freiheit*</u>, positiv betrachtet, (<u>als der Kausalität</u> eines Wesens, so fern es zur intelligibelen Welt gehört,) und des *Daseins Gottes*.（AKIV132）

[7] 自由看作存在体，又见 den Begriff ihres Daseins in der intelligibelen Welt, nämlich der Freiheit。（AKIV46）

说，理性存在体（ein ver-nünftiges Wesen）必须把自己看作意会体。在这里他笼统地论证道：人有一种能力，即理性；这种能力把自己与其他的物区分开，乃至把自己与被对象作用的自己区分开；理性是纯粹的自动性（reine Selbsttätigkeit/pure spontaneity），比知性（也是自动性）更高；知性须运用于感性，其职责是使感性表象隶属于规则，而理性却是纯粹的，其职责是为知性划界，区分感性世界、知性世界。（AKIV452）

但是，在我看来，康德仍然没有讲清楚意会体是怎样产生的。他的论证仍然是讲，物自体是超感性世界成员，这个超感性世界就是知性世界，所以意会体就是物自体。意会体仍然是思辨理性所生，只是在这里获得了道德主体意义。此外，前文提及的情感能力或曰判断力创造物自体概念之说，冒了一下头就隐没了。

物自体原本是个思想，而在这里意会体必须有客观实在性。为什么这样？我想，理由很简单：实际生活的需要。意会体作为思维主体，没有客观实在性无伤大雅；作为道德主体，则须为错误行为之后果负责，因而必须具备客观实在性。换句话说，在实际生活中已经让人们为自身行为负责了，现在哲学要做的事是建立理论，从哲学解释这种社会现象的根据。

普通人的看法是：任何人的行为都是自主的，因而可以设想每个人的存在中都有个行为主宰，即道德主体。然而实际情况却是没有这个主体，主宰是自由意志而已。自由意志是我们的心智能力之一个方面。能力不是存在体。然而普通人的看法把能力化为存在体。康德的使命是在道德哲学中为自由意志升格为道德主体建立理论。他的论证中，可能的逻辑漏洞在物自体等同于知性世界这个推断环节。

余下的问题是：对道德主体客观实在性的要求源于人们必须对自己的错误行为负责，并得到相应的惩罚。我的疑问是：这个问题似乎应放到法权哲学中讨论。

五、犯罪主体是现象体还是意会体？

众所周知，人有可能犯罪或犯错。现在要问的是：人之存在中的哪种存在体犯罪？

康德强调各种存在体必须统一地结合为一个。既要承认二重性，二者并存，还必须把它们看作必然地统一在一个主体内。（Ⅳ456）(die Kausalität nach dem Gesetze der *Naturnotwendigkeit*, *bloß der Erscheinung*, die *Freiheit* aber eben <u>demselben Wesen</u>, als Dinge an sich selbst, beizulegen)（Ⅴ95）他还规定：纯粹思辨理性与纯粹实践理性的结合为一是基于理性本身的，因而是必然的；实践理性占据着优先地位。（Ⅴ121）

康德十分重视幸福与德行相配的问题，用了大量笔墨论证。

而我认为更能说明问题的是他也关注但论证稍微少一点的犯罪受罚。

康德基本上依照人的存在二重性结构讨论。他的不少困难源于这个结构。我们将提出一个新的结构，或可通顺些。

物自体概念在第一批判中讨论。我们的经验知识对应的是现象而非引发这些现象的物自体。康德既然设定感觉是由对象作用（affiziren）引起的，感性是感受性（Rezeptivität），就必须设定物自体是感觉之源。[8]

当康德说物自体只是一个思想时，他是正确的。不仅实体是思想范畴，物自体也是思想。前面已经提到，是由情感判断力断言而生。

贵妇们质问费希特：难道你的太太也是你的自我创造出来的非我吗？他抱在怀里的当然不是自我创造的，然而"女人""太太""美丽"全属现象故而全属创造物。

世界是个大的流动，无物可观，须观方成物。费希特太太也当如是观。本非物，流动而已，而在物理关系、品德举止、法权关系、美之审定、财产认定等众多方面全属物，乃心之所生。

---

[8] Die Fähigkeit (Rezeptivität), Vorstellungen durch die Art, wie wir von Gegenständen affiziert werden, zu bekommen, heißt *Sinnlichkeit*. (A19/B33)

以物自体指流动当然不对。[9]因而说物自体只是一个思想是对的。然而，那引发感觉的是什么东西？显然不是"东西"，不是物（无论现象体、物自体），而是流动。不能说物自体作用于感官引发感觉。引发感觉的全然不是"东西"(something)。

所以在第一批判中，物自体似乎是个过渡用的概念。证明一切物体都属现象，须借用物自体概念；建立起物体皆现象的论点，物自体概念又须取消。

康德提出意会体概念后，也认作物自体。作为由心所生的物，二者相当接近。然而，原先提出的物自体是作为感觉来源设定的，在讨论纯粹统觉、自身意识时提出的意会体，却不能看作感觉来源。

进入道德哲学领域，既然引出自由意志、意会世界，德性与幸福、犯罪与惩罚就是不可回避的题目。这里出现了绝大的困难：自由意志是纯粹实践理性，意会世界是纯洁的世界，罪与错不在这个世界里。于是只好由自然领域承担这些职能。自然领域是什么？是感性世界，是现象所居的世界，在这个世界中只有知识与概念。人犯的错与罪在此中描述、传达，人却不

---

[9] 有趣的是，康德十分清楚这一点：Wenngleich der Satz einiger alten Schulen: daß alles fließend und nichts in der Welt beharrlich und bleibend sei, nicht stattfinden kann, sobald man Substanzen annimmt。（A364）

会在这个世界中犯罪与错。

人能出错的领域在何处？犯罪主体是现象体还是意会体？意会体当然不能犯错，康德只好归咎于现象体，显然这是说不通的。只能在那个巨大的流动中，错、罪全属运用道德、法律对观察到的事实作的评判。观察到的事实是康德所谓自然领域，这是知识世界。这个世界可以描述衣食住行、传达衣食住行，却没有衣食住行。意会世界也是个概念世界，这个世界把人们的行为限制在规则允许的限度内。康德称这个世界是原型世界是称错了，可以称之为典范世界，但不是原型世界。原型世界是物自体的世界。现象界与本体界均是其影像。然而物自体不成世界，那里只是一个大的流动。

所以，康德应当把人的存在从二重扩大为三重。

没有实体、人格这些概念不行。一切财产关系、人伦关系均建基于这些概念之上。实体与自然，人格与自由，均是心所生的概念。自然领域、自由领域也是心所生的世界。世界是心生的概念与句子。真实是那不可说的大流动。

人的存在之统一就在于此。

而康德哲学最大的困难在物自体学说。

附录二　中西交流中几个中国哲学概念的解释[*]

在当前的中国哲学研究中，有些词汇是经常出现的，如气本理本、形上形下、唯心唯物等等。比如宋儒张载，一般归入气本论，遂被指为唯物主义代表人物。其实这些概念都到了讲讲清楚的时候，否则中国哲学研究难以进一步深入。

一、形上、形下

形上、形下出于《周易·系辞》。原句为"形而上者谓之道，形而下者谓之器"。西方哲学传入后，取形上或形而上用以翻译 metaphysica 为形上学或曰形而上学。这算是一种格义，即以中国思想解释外来概念。其后，当代新儒学又称张载等人的气本论、程朱等人的理本论为形上学，即 metaphysica。这可

---

[*] 此文内容为 2009 年 5 月 6 日在陕西师范大学"长安大讲堂"所做演讲，由邀请者该校文学院尤西林教授担任讲评人，文学院副院长程世和副教授担任主持。返沪后于 7 月 2 日初步整理完毕，发表于《复旦学报》2009 年第 6 期，题目改为《格义、反向格义中的是是非非——兼论气本论不是唯物主义》。

附录二 中西交流中几个中国哲学概念的解释

以算是一种反向格义,即以西方思想解说中国概念。但是在这里负负是否得正,就须推敲一番。称气本论、理本论为形上学原无不妥,从宋儒学说中原可引申出此用法。然而气本论、理本论是否是 metaphysica 则须存疑,不能不辨也。

为了区分词义,本文音译 metaphysica 为麦塔费兹卡。按亚里士多德,麦塔费兹卡(metaphysica)乃讨论一物是其所是之第一原理的学问。这就是说,亚里士多德讨论的是器层面的问题。物,形而下者也。所以是器层面。

难者曰:非也!诚然物是形而下者,然而物是其所是之第一原理乃物之所以为物,故而论其第一原理乃是形而上问题。

答曰:这里讨论的是亚里士多德哲学,不是儒学。故须扣紧亚里士多德,切勿游移至儒学问题。亚里士多德提出的可能的答案是,物是其所是的第一原理或者是形式,或者是质料。形式、质料是否对应中国思想中某些概念?是什么概念?曰:形式、质料在中国思想中有对应者,即形、质。这对概念属黑格尔逻辑学所称的纯思规定,在格义上无歧义可挑剔。《周易》中"形而上者谓之道,形而下者谓之器"句,《周易正义》孔颖达疏曰:"形是有质之称","形虽处道器两畔之际,形在器,不在道也。既有形质,可为器用"[1]。朱子曰:"形是这形质,

---

[1]《周易正义》(十三经注疏整理本),卢光明、李申整理,北京大学出版社,2000年。

以上便为道，以下便为器。这个分别得最亲切，故明道云'惟此语截得上下最分明'。"[2]可见对这两个词的解释，没有分歧。简单的中西思想比较就可看到：形式、质料之分，在西方哲学极其重要，在中国思想则平淡无奇——形质混提，不显明区分。朱熹甚至说"形是这形质"，直截了当地把形与形质画了等号；至少是以形一个字为形、质两个概念的代表。从孔颖达的疏语中可见，"形处道器之际"可以读为"形质处道器之际"。总之，形、质两个概念在中国哲学中地位不重要，论形上形下时用作分界概念而已。

形虽处于分界处，但仍归于形下，这规定来自《系辞》："形乃谓之器。"王弼注："成形曰器。"乾卦象辞曰"品物流形"，气化有形则成物。

综上所述，不仅物是形而下者，形、质也属形而下者。亚里士多德讨论物是其所是之第一原理，不归形式，即归质料，依中国思想角度观之，均在形而下范围内寻根，无涉形而上者。因此，要为麦塔费兹卡找个中文译名，形而下学比较恰当。译作形而上学，误矣。

结论：把 metaphysica 翻译成形而上学是错误的，不如译成形而下学恰当。

---

[2]《朱子语类》，中华书局，1986年，全八册之第五册，第1935页。

附录二　中西交流中几个中国哲学概念的解释

形上、形下与西方哲学 metaphysica 关系既已讨论清楚，再来回顾宋儒使用此二词是否恰当。或者今儒的误用有其历史渊源耶？

宋明理学称作理学，"理"的概念是核心所在。而理之地位确立，形上形下之颠倒乃是要害所在。明道先生"吾学虽有所受，天理二字却是自家体贴出来"[3]语中稍见自负口气。他引《周易·系辞》语"形而上者谓之道，形而下者谓之器"，又引"立天之道曰阴与阳，立地之道曰柔与刚，立人之道曰仁与义"，及"一阴一阳之谓道"，说："阴阳亦形而下者也，而曰道者。"为什么？曰："惟此语截得上下最分明。"[4]这段话极其要紧，朱子与学生反复讨论，现代儒者引用极多，然而从字面上却极难理解。"立天之道曰阴与阳"，是阴、阳为天道，还是由阴阳来立天道、而阴阳却只是形而下者？作为形而下者的阴阳能立形而上的天道吗？"一阴一阳之谓道"，阴阳是气，所以能轮流更替则因道使之然，或曰，如此轮流更替即为道（朱子的解释）。断言阴阳二气为形而下者是关键，明明《周易》有明确文本称阴阳为道，还要硬派它们是形而下者，怎样说通极为要紧，而大程的理由只是"惟此语截得上下最分明"。

---

[3]《二程集》，中华书局，1981年，语见《外书卷第十二》，第424页。
[4]《二程集》，语见《遗书卷十一》，第118页。

要害在于，"道即理"在逻辑上容易通过，意图在于把理说成形而上者。

然而，讲到理，困难越发严重。今儒陈荣捷先生有一篇论文《理的观念之进展》讲，"二程子以《诗·大雅·烝民》'有物有则'之言为出发点"。[5]"有物有则"，则，理也。物乃形而下者；此则为理，理岂非形而下者？！显然这是理论上的要紧处。程明道的论法是："一物之理即万物之理。"[6]此言武断，却看不出道理何在。且不论死物之理非活物之理，活物中牛之理又非人之理（除非说成统归于一阴一阳之道遂告成论证），重要的在于两点：一、个别物之理能否与天理（仁义礼智）画上等号？二、个别物是形而下者，何以形而下者之理反倒是形而上者？其他的，一阴一阳怎么就仁义礼智了？总之，从形下扯到形上是个漫长的论证过程，三言两语地打发掉，非得申斥学生"工夫要紧，整日价纠缠于辨析语句非正道也"以压制之不可！

宋儒关于形而上者是气还是理争论极多。焦点之一是怎样理解《周易》的"太极"概念。太极是形而上者似无分歧，问题在于太极是理还是气。朱子说："盖太极是理，形而上者；

---

[5] 陈荣捷:《宋明理学之概念与历史》，朱荣贵编，台湾"中研院"中国文哲研究所筹备处印行，1996年，第383页。
[6]《二程集》，第13页。

阴阳是气，形而下者。""心之理是太极，心之动静是阴阳。"[7]然而，按古人的意思，太极是气或曰元气。(如三统历"太极元气"，何休公羊注释元为气之始。)即使按照宋儒周敦颐的意思，"太极动而生阳，动极而静，静而生阴，静极复动"，太极也是气而非理。否则下文"阳变阴合而生水火木金土；五气顺布，四时行焉"，"乾道成男、坤道成女，二气交感化生万物"中的五气、二气就读不通。太极之动生阳、静生阴，不应解释成"太极这个理"一动就生产出阳气来，这个理再一静就生产出阴气来，从而形而上的理生产形而下的阴阳二气。应该理解为，"太极这元气"动则呈阳性（或名其动为阳）、静则呈阴性（或名其静为阴），一阴一阳则名为道，或曰，太极忽呈阳性忽呈阴性，此其运行方式（道：运行方式）。所以硬派周子太极为理，理由不充分，逻辑推不成，倒是解释为元气较为说得通。刘宗周驳之甚详。[8]

---

[7]《朱子语类》，第84页。
[8] 刘蕺山曰："一阴一阳之谓道，即太极也。天地之间，一气而已，非有理而后有气，乃气立而理因之寓也。""使实有是太极之理为此气从出之母，则亦一物而已，又何以生生不息妙万物而无穷乎？……太极之妙，生生不息而已矣。生阳生阴，而生水火木金土，而生万物，皆一气自然之变化，而合之只是一个生意，此造化之蕴也。"黄宗羲《太极图讲义》曰："通天地亘古今，无非一气而已。气本一也，而有往来、阖辟、升降之殊，则分之为动静。有动静，则不得不分之为阴阳。"引自《宋元学案》第498、499页，中华书局，1986年。

理与道能否画等号？《周易·说卦》曰："昔者圣人之作易也，将以顺性命之理，是以立天之道曰阴与阳，立地之道曰柔与刚，立人之道曰仁与义。"而宋儒给天理的内涵十分明确：仁义礼智。二者相关，有古说可稽。因而焦点是阴阳二气应归形上抑或形下。

"形而上者谓之道"可解释为："形而上者"，主语；"谓之"，是（或称作）；"道"（解释为理），表语。此程朱之解也。

也可另外解释：气为此句中隐而未现的主语，气当形而上时，为元气氤氲；道乃其运行，所谓"一阴一阳之谓道"，言其运行也。王夫之解释曰："形而上者，当其未形而隐然有不可逾之天则……形之所自生，隐而未见者也。"[9] 形上意谓未见形；虽曰："天则"且"不可逾"，未摆脱程朱范围，终究说成"隐然"、未现。张载《横渠易说》曰："形而上是无形体者也。故形而上者谓之道也。形而下是有形体者，故形而下者谓之器。无形迹者即道也，如大德敦化是也。有形迹者即器也，见于事实如礼义是也。"[10] 横渠先生说得较为明确。一、形上指无形，与船山义相仿；说成道，与船山"天则"似也接近。二、直称礼义为器，理由是见于形迹。或曰，此处礼义当读为礼仪。礼义、礼仪有何大别？可见，按

---

[9] 王夫之：《周易内传》，《船山全书》，岳麓书社，1996年，第一册，第568页。
[10] 张载：《横渠易说》，《张载集》，中华书局，1978年，第207页。

横渠先生意思，一物有一物之理，可谓形迹，器也。两位大儒所说缺憾在于未明确讲出，形上、形下均指气。

比较下来，戴震的意思讲得较为透彻，且对形上有另外的解说："道，犹行也。气化流行、生生不息，是故谓之道。……行亦道之通称。""形谓已成形质，形而上犹曰形以前，形而下犹曰形以后。"自注"如言千载而上，千载而下"。[11] 戴震学说的优点是把形上、形下之主体点明了：气也。形而上：成形质以前。何物成形质以前？除气外莫属也。

我们可以总结，按张载、王夫之、戴震看法，气为形而上者。刘宗周、黄宗羲亦如是说。理寓于气，意即朱子所谓理，无非气之运行奥妙也。而理学所讨论的许多问题，特别关乎修德者，均于既有形质之后（人的存在，无论其自然存在还是社会存在，均为有形体、有形迹者），故可视为器物层面的问题，即形而下者。礼义（有形迹者，器也）与大德敦化（无形迹者，道也）区别何在、如何相通，尚待研究，应看成未解决的问题。因而直接把礼义（礼仪，或再扩大为仁义礼智）当作道似嫌轻率。

这就是说，道德哲学研究多属形而下的研究领域。形而上者既然未着形迹，无从着手，无法研究，至多探讨如何气化成

---

[11] 戴震：《孟子字义疏证》，《戴震集》，上海古籍出版社，1980年，第287、288页。

形。形上能成何学,待定者也。

先儒谈形上学,无论气本论抑或理本论,尚属恰当。今儒论形上学则混形上、形下一并为说,以对应形下学之麦塔费兹卡表达其说,不亦宜乎。

二、唯心唯物,以及气本论不是唯物主义

译麦塔费兹卡 metaphysica 为形而上学,属格义;以如此格义而生的形而上学概念评说宋明理学的理本论、气本论(甚至称理本论为唯心主义、气本论为唯物主义),则属反向格义。

唯心唯物二词之创属格义。唯心一词取自佛学万法唯心,用以翻译西学之 idealism。唯物乃仿此取译名,翻译西学之 materialism。

确认理本论为唯心主义,气本论为唯物主义,属反向格义。如上述。

唯心唯物二词今已广泛传播,人们耳熟能详。不知哲学为何物者亦熟知此类名词且滥用之,凡有思之未熟而轻率行动者则扣以"犯了唯心主义错误"的帽子,已成通例。

不幸的是,把 idealism 译为唯心主义是个格义上的错误。

idealism 与 materialism 二词源自亚里士多德问题:探讨事物是其所是之第一原理。他的问题是,究竟是形式,还是质料,是事物是其所是之第一原理?例如某人的雕像,形式乃是其所

是之原理,其质料无论是什么,铜也好、泥土也好,均不能据以决定雕像之为某人的雕像。而金币,则质料为是其所是之原理,无论做成金币还是做成金块、金条,均不影响其价值;而换成铜或银,价值则不同。于是亚里士多德不能决定究竟形式还是质料为事物是其所是之第一原理。这种情况,被列宁批评为"在唯心主义与唯物主义之间摇摆"。

亚里士多德后学比起先生胆大得多,有的主张形式为万物是其所是之第一原理,遂被称为 idealism;有的主张质料为万物是其所是之第一原理,则被称为 materialism。

亚里士多德在这里犯了二重错误。一是他提错了问题,要为万事万物确定第一原理。不过这是"可爱的错误",因为人类有这种好奇心,要追寻万事万物之由来。他把这种追寻万事万物由来的努力确定为寻找第一原理,属于哲学上的伟大创造。错误也是前进的动力。第二个错误是从诸多概念中选择了形式与质料作为解答问题的选项。从他提问题的方式看,形式和质料好像成了可以独立存在的东西。或许亚里士多德尚未如此看,但是他的后学却把形式与质料当作万事万物成立的根据,于是这两个概念成了独立的存在物。

这样一来,形式和质料成了西方哲学史上极其重要的基本概念。这两个概念的真义,当属黑格尔讲得最为透彻。康德把它们列为第一对反思概念;黑格尔则称之为纯思规定(贺麟先生有时译为范畴），意思就是，它们属于纯思，并非由经验中得来。试想，一物之形式与质料可能分割开来吗？当然不可能！割裂并设想其独立存在，只能在思想中，它们全然属于抽象思想之产物。二者成对出现，谁也离不开对方；无论以哪一个概念当作万事万物之第一原理，皆不能成立。黑格尔还说，实在论归根结底也是 idealism，因为实在也是概念，是思想物、共相，因而是形式。黑格尔更精彩地指出，连泰勒斯的水也是思想物，因为在这里，水也是共相、形式。所有的哲学体系都是建基于概念或者纯思规定之上，所以任何哲学体系都是 idealism。黑格尔此说揭示了 materialism 的困境：反对 idealism 而不知自己已堕入 idealism。

在佛学看来，万事万物皆为法相。形式质料也不外乎法相。Idealism 以形式概念为万物第一原理，materialism 以质料概念为万物第一原理，都是以法相为真实，从而都是错误的。佛学破法相为真的俗见，口号便是"万法唯心"（或万法唯心造）。

这就是说，idealism 执形式为真，是"万法唯心"要破的哲学类型。（materialism 也不例外，要破。）把万法唯心要破的哲学类型称作唯心主义，岂不是跟佛学开玩笑！

以上论证把 idealism 译为唯心主义属于格义错误。不过在格义中犯这类错误是难免的。只是传播之广泛、于人心之深入，殊为罕见。现在，为了显示 idealism 与 materialism 均属坚执法相为真的哲学类型，本文把它们译作较能传达其内涵的形本论和质本论。

以下论证理本论不是 idealism、气本论不是 materialism。

目前哲学界多有主张理本论为唯心主义 idealism、气本论为唯物主义 materialism 的。现将 idealism 与 materialism 换成新译名，立刻可显明这一主张之错误。

上述命题换以新译名则为：理本论为形本论、气本论为质本论。

气本论怎么会是质本论（materialism，通常译作唯物主义）？（同样，理本论不会是形本论。）

气本论的基本主张，如张横渠所表述，气为形而上者，或曰未见形质。中国思想与西方思想重要区别之一即是，形质之分别不是很大，很不重要，常常混提；更未曾把二者发展成如西方思想史上那么重要且决定许多重大问题的概念。例如康德道德哲学号称形式主义；康德知识论以形式、质料为基本概念划分知性、感性，划分纯粹直观、感性直观，等等。黑格尔称逻辑哲学是研究纯思规定（纯形式）的学问。更重要的是，由形式、质料概念引发的两大哲学类型 idealism、materialism 构成西方哲学史的重要内容，以至苏联哲学界认为 idealism 与 materialism 两条路线的斗争是贯彻哲学史全程的主线。

在中国思想中，形质二者也属纯思规定，哲学家们不重视这对概念，未着力发展它们，所以谈不上有形本论、质本论。五行，有说为五气，或一气之五种运行；也有说为五质的，或分为五气、五质两种概念并存的。但是在具体科学中解释五行，如中医药学中以五行为基础理论，说为五气或说为五质似均可通，视解释者的倾向如何。当然，作为科学理论中的运用，以五质解释较顺。

总之，说中国本土思想中质本论、形本论均不存在似嫌武断，但说二者未入主流、均不重要则是千真万确的。至于外来的佛学思想，以"万法唯心"口号便知其破形本论、质本论的坚定态度。

由于未深究 idealism（形本论）、materialism（质本论）来龙去脉及内涵，在用这两个名词对儒学作反向格义时，便误会理为形、气为质。实则无论理还是气，理本论主张理为形而上者，气本论主张气为形而上者，均在有形质之前。起古人于地下，告诉他们，理为形，气为质，不知他们会作何感想？

天理，仁义礼智，全然不是西方思想中的理念那样的纯思概念。西方思想追寻确定性，而仁义礼智怎么可以确定？神无方易无体，仁义礼智均无方体。无方体即无形式可言。既然无形可言，怎么能说成是形本论 idealism？气则未见形质，怎么可以解释为质？西方思想在苏格拉底之前有类似中国古代气的思想，如米利都的阿那克西米尼提出的无限的气。从苏格拉底肇始，柏拉图抽象思辨，亚里士多德清晰地制造了形、质概念的对立与分裂，中世纪发展成形本论（idealism）、质本论（materialism）的对立，后黑格尔时期扬弃这种对立，20世纪消弭这种对立。这一经历是中国思想所未有过的。在译介西方哲学时，idealism 也曾译作观念论、相论等比较贴切的名称，但在苏联影响下，反向格义中掺杂进政治因素，出了偏差，或许这是最终确定译名为唯心主义的主要原因。

三、智的直觉

智的直觉是今儒牟宗三先生的创说。直接地讲，是反对康德智性直观（intellektuelle Anschauung）学说而提出的，可以看作反向格义。若对应寻找原初的格义，当属把 Anschauung 译为直观或直觉。

译 Anschauung 为直观或直觉并非不恰当。中国思想中，观或觉自古皆为重要概念。在康德《纯粹理性批判》中，开首就给 Anschauung 十分广泛的含义，用词是"无论以何方式、无论以何中介"[12]。尽管如此，在接着的阐明中却限定唯有感性才提供 Anschauung。与 intellektuelle Anschauung 相对而称

---

[12] Auf welche Art und durch welche Mittel, KrV, A19/B33.

的 sinnliche Anschauung（通常译作感性直观），区分为纯粹的 Anschauung（纯形式的,有空间、时间两项）和经验的（empirische）Anschauung（经空间、时间安排位置或次序的内、外感觉）。这样把"观"字用来翻译 Anschauung，真有点儿委屈了它（指"观"字）。好在第三批判中康德又设想了 Anschauung 的自发性作用，对"观"字作为译名才算扯还了点儿公平[13]。看来，Anschauung 这个概念的内涵还是有发挥余地的。

智性直观（intellektuelle Anschauung）在《纯粹理性批判》中提出，涉及的是能否构成本体（Noumenon，牟译智思体）。康德认为,由知性范畴与感性直观能建构现象体（Phänomenon，旧译现象）；而要建构本体，必须有一种对应的直观方式，即智性直观方式。为此，他还把本体区分为否定的（常译作消极的）、肯定的（常译作积极的）两种。肯定的本体须有智性直观。（KrV B307）

由此可见，康德的智性直观，指的是某种理性存在者的认

---

[13]《判断力批判》第 77 节，康德说，Anschauung 也属于认识，它的完全自发性能力就是完全独立于感性的认识能力，因而就是知性，可以称作直觉的知性。Weil aber zum Erkenntnis doch auch Anschauung gehört, und ein Vermögen einer *völligen Spontaneität der Anschauung* ein von der Sinnlichkeit unterschiedenes und davon ganz unabhängiges Erkenntnisvermögen, mithin Verstand in der allgemeinsten Bedeutung sein würde: so kann man sich auch einen *intuitiven* Verstand...

识能力中的直观能力，这是建构肯定本体这种存在物所必须有的能力。康德认为，人类没有这种智性直观能力，所以人类"看不见"本体。

牟宗三先生提出智的直觉说，理由如下："如果直觉是呈现原则，则自由意志不是一设准，而是一呈现。""智的直觉之有无根本就是自由意志是否能是一呈现之问题，是否能客观地智的直觉地被构造起（被建立起）之问题。若自由只是一设准，而不是一呈现，则道德落空。"[14]

牟先生对康德哲学的这一批评，包含了两个重要误解：诚然，自由在康德作为公设（Postulate，牟译设准），然而自由意志也作为呈现；第二，用中国哲学中看作呈现的直觉对应康德哲学 Anschauung 并不恰当。

（一）先，讨论自由公设问题

这里有个对康德在《实践理性批判》中使用的自由一词怎样理解的问题。诚然，康德讲了自由为一公设（即牟先生译的设准），然而作为公设的自由，意义重点并非落在自由意志上，

---

[14] 牟宗三：《康德的道德哲学》，台湾学生书局，1982年初版、1983年再版，第263、294页。着重号是原有的。

而是看作存在者，即 Intelligenz。

尽管在概论公设的一节（第6节）康德论及自由时，还是把自由与因果性等量齐观，但已经点明这因果性与意会世界中的存在体之关联（der *Freiheit*, positiv betrachtet, als der Kausalität eines Wesens, so fern es zur intelligibelen Welt gehört, Ak.V132）。意会世界中的存在体，即意会体 Intelligenz。其内涵很清楚：康德想的是那个存在体。在另一处，他干脆直接把作为理念的自由换写为意会世界：diese Ideen von Gott, einer intelligibelen Welt (dem Reiche Gottes) und der Unsterblichkeit...（Ak.V137）请特别留意括号中的词组：康德把意会世界看作上帝之国。不朽（die Unsterblichkeit）之内涵是"同一个理性存在体之实存与人格性在无限延续中"（ins *Unendliche* fortdauernden *Existenz* und Persönlichkeit desselben vernünftigen Wesens, welche man die Unsterblichkeit der Seele nennt, Ak.V122）。不朽是灵魂不死；而不朽公设中内含的灵魂意指居于彼岸的存在体。自由公设相关的 Intelligenz 在此岸。而此岸称上帝之国，意思当是把 Intelligenz 看作道德主体，也即肯定的本体。还有一段叙述信仰的材料更是清楚展示三个公设全部关联到存在体：我愿有一位神，我的存在要在一个纯粹知性世界中的存在，我的延续是无穷的……（ich *will*, daß ein Gott, daß mein Dasein in dieser Welt, auch außer der

Naturverknüpfung, noch ein Dasein in einer reinen Verstandeswelt, endlich auch daß meine Dauer endlos sei，Ak.V143）

行文至此已经很明白，自由作为公设，意思是：把人这种理性存在者看作道德主体。重心是存在体。

作为公设的自由，意义是人这种存在者；作为纯粹意志看的自由，则是心之能力，或者干脆就是心。自由概念在这两种场合意义不同。康德在"序"中明确告知：整本《实践理性批判》意图就是显明有纯粹实践理性。换句话说，阐明人是自由的或曰实践理性能够纯粹地使用。他特别在第6节的注释中举例说明，人在何种情况下可以认识到自己是自由的。他在"序"中讲到自由理念是现实的，通过道德法则显现自己（Freiheit wirklich ist; denn diese Idee offenbaret sich durchs moralische Gesetz，Ak.V4），还在一个批注中讲到道德法则与自由互为条件。这些话，有哪一句是主张自由意志为公设的呢？offenbaret 可以解读为"呈现"吧？在遭遇道德困境时认识到自身中有自由，可以看作自由之呈现吧？（第6节注释，Ak.V30）

康德道德哲学中，自由的这两种意义是相关联的。自由意志是道德法则得以实行的前提，是道德行为之原因——"由仁义行，非行仁义"。这个原因看作本体，遂升格为 Intelligenz。关乎善之实践，则须拉来担当公设。虽有关联，毕竟一为心之活动能力（是为原因概念），一为存在体，不可混淆。

（二）次，讨论智的直觉问题

按康德哲学，直观 Anschauung 在第一批判中纯属感性，而在第三批判中却设想其完全自发性。这说明困扰康德的难以解决的问题须有新思路。不过，在那里所讨论的直觉的知性（einen intuitiven Verstand），意向是解决自然界整体与部分关联、目的因与作用因关系等问题。而牟先生谈论智的直觉意在解决良知返照问题。

牟先生关于智的直觉而批评康德，说了极其严厉的话："如若真的人类不能有智的直觉，则全部中国哲学必完全倒塌，以往几千年的心血必完全白费，只是妄想。"[15]这实在冤枉了康德，原因是牟先生误解了康德的 intellektuelle Anschauung。牟先生对直觉在中国哲学中的重要性所论，无疑是基本正确的，其根本点，笔者并无异议。笔者不赞同的是他对康德的批评。

问题在于，是否康德就毫无牟先生所主张的思想？实际上，牟宗三所主张的智的直觉，康德也类似地主张——或许功能不如牟先生主张得那么多，然而基本点是具备了的。

牟氏曰：……先由吾人的道德意识显露一自由的无限心，

---

[15] 牟宗三：《现象与物自身》，台湾学生书局，1975年初版、1984年第四版，第3页。

由此说智的直觉。自由的无限心既是道德的实体,由此开道德界,又是形而上的实体,由此开存在界。存在界之存在即是"物之在其自己"之存在,因为自由的无限心无执无着故……"知性,认知主体,是由自由无限心之自我坎陷而成,它本身本质上就是一种'执'。它执持它自己而静处一边,成为认知主体……"[16]

这些话之类似者,康德讲过。只是康德的用词不是 intellektuelle Anschauung,而是 das Selbstbewußtsein(通常译作自我意识,关文运在一处译为"自觉")。那个"执"得的认知主体,而且包括道德主体(主宰),即 Intelligenz,也是康德明明白白地解决了的。

毛病出在初始的格义:Anschauung 译为直观,Selbstbewußt 译为自我意识。经过这么多年诸研究者的反复推敲,我们今天可以说,把"观"字给了 Anschauung,可惜了;不如给 bewußt(眼下译为意识),较为确切些。牟先生讲:"本心明觉之返照或自照即是智的直觉,非感性的直觉。"[17]返照何义? bewußt 即观、照,selbst 即返(返回自身);selbstbewußt 即返照、自照。如果牟先生这句话改成"本心明觉之返照或自照即是 Selbstbewußtsein,非 intellektuelle Anschauung",对康德哲学的理解就准确了。

---

[16]《现象与物自身》,1984年,第四版,第6、7页。
[17]《康德的道德哲学》,第263页。

以意识译 bewußt 不能算错。意识原属佛学术语，内涵相当丰富，包含了 bewußt 之意义。内涵丰富也有缺点，那就是容易导致理解浮泛，以及在诸义间游移，不知不觉地偷换概念。现浅表地解释，bewußt 就是觉察。觉含直觉义；察，观也。康德用此词意义颇多，比如在讲构成经验知识时说，纯粹统觉把诸表象统一在一个 Bewußtsein 中。此时 bewußt 有总观、综观、统一之义。无论如何，这个词用来对应牟宗三先生的（智的）直觉，是上选。

牟先生所说自由无限心自我坎陷出认知主体，我们来看一看康德是怎样讲的。

在《纯粹理性批判》第二版的 §16 对笛卡儿的"我思故我在"中的"我思"作了极为重要的解释。笛卡儿原文是拉丁文 cogito, ergo sum。cogito 译为中文、英文、德文就成了"我思，I think，Ich denke"，都不好。在拉丁文中隐而不显的"我"，在中文、英文、德文中就显现出来。这种翻译方式不知不觉地掺入了格义。cogito 是一个意思，其中确实包含了"我"之意义，然而没那么强调"我"，否则这整个命题就有点儿不大对头了。命题的意思是，要到 sum 才出来个"我"。在前面的 cogito 就说有"我"，岂非不妥！讲"我思"，就讲了两个意思——我、思。而 cogito 是一个意思，由这个意思才会产生出"我"概念。

康德的解释是极为出色的。原先笛卡儿的讲法中，cogito

还多多少少带有经验的意味，康德把cogito讲得纯粹了。康德是怎样把它讲得纯粹的？关键在于康德用了Selbstbewußtsein来讲cogito。他讲，cogito是自发性的活动，于是称之为纯粹的统觉。纯粹统觉是创始性的统觉，它就是cogito，也就是Selbstbewußtsein。

康德的论述较难懂，这里须作点展开。研究者们过去的解说均未着重解说Selbstbewußtsein，故而有所失。过去的解说先就没太重视bewußt之诠释。中文译为"意识"，是较好的译法，可惜未加深究。在康德哲学中，bewußt是个很要紧的概念，使用频率相当高。他在讲经验知识构建时常常讲，要把感性杂多（即种种感性直观）统在一个bewußt中。中文译为"统在一个意识中"，是种好译法。问题在于，这个bewußt有何深义？特别在§16，一开头他就讲"我思"表象必须能伴随我的一切表象——这是怎样知道的？诚然，这个其他哲学家都没有发现的秘密被康德看到了。然而只要康德说出来，其他哲学家按照康德的提示，也是可以看到的。那么是什么认识能力让人们可以看出有个"我思"表象？这正是康德哲学之深密处。

这种认识能力就是bewußt。前已述bewußt意义是觉察、知觉等，而且包含甚广，可以是感性的，也可以是智性的；在某种意义上，也含有统觉之意思。它理所当然地属于自发性。康德讲"我思"是自发性之活动。什么样的活动？反观自身的活动。

cogito 反观自身，观出个"我"来。cogito 是知性的活动且为自发性活动。建构经验知识的活动或曰纯粹统觉统一感性杂多的活动即此自发性活动。此自发性还有一项（可能的）活动是反观自身，于是形成一个表象："我"表象。其实这个"我"表象即 sum，也就是"我在"表象。所以笛卡儿的命题"cogito, ergo sum"可解为"思反观自身遂生我"。[18]（反观可换写为返照。）

牟宗三先生所说自由无限心自我坎陷执成认识主体，便是如此。

在《纯粹理性批判》第二版 §24、§25 两节，有如下的句子可资补证：

> 我作为意会体和思维主体（B155：Ich, als Intelligenz und *denkend Subjekt*）。
>
> ……我在统觉之创始性的综合统一中反观到的我自己只是"我在"。"我在"这表象是一个思想，而不是一个直观。（B157... bin ich mir meiner selbst... in der synthetischen ursprünglichen Einheit der Apperzeption, bewußt... sondern

---

[18] 此处正是讲明纯粹统觉两种使用的恰当处所。纯粹统觉统一感性杂多产生一个经验知识或经验概念的活动，是"自发性"bewußt 之感性活动；而其反观或曰返照 selbstbewußt 则是智性活动。

nur daß ich bin. Diese *Vorstellung* ist ein *Denken*, nicht ein *Anschauen*.）

这里要注意的是意会体（Intelligenz）这个概念。这个词诸多康德翻译家都译作"理智""智力"，均不甚妥。这个词指的是一个存在者，在上引文中指的是认识主体，cogito 反观自身所成的"我"。（有译作灵物的，稍好。）同样这个词，在《道德形而上学原理》一文中意思转为道德主体，此即与牟宗三所说自由无限心即道德实体相应。

康德解决道德哲学难题的思路是用二重观点看人。道德法则是无上命令，而无上命令之所以可能，在于自由理念使"我"成为意会世界的一个成员（即意会体）。（AkIV454）这就是说，自由理念使得人成为意会体。

对于当下正在讨论的问题，要点是：自由这个原因性概念是怎样升格为存在体—意会体的？

答：关键词是 bewußt。

自由是意志之本性。自由的本来意义是心智能力，或者准确地说是纯粹理性之实践能力。前面已经论及作为公设的自由理念其主要意义为存在体。而心智能力与存在体当然不是一事。那么这种心智能力怎样建构存在体遂为一重要问题。

康德的说法是：我得把自己想作意会体（AkIV453，so

werde ich mich als Intelligenz）；人观照自身为意会体（AkIV458, das Bewußtsein seiner selbst, als Intelligenz）。（"观照自身"亦可译为反观、返照。）这就是说，人们怎样生出意会体？反观或返照，即通常译作自我意识或自身意识的Selbstbewußtsein。

在《实践理性批判》一书的第6、第7节中，说得更为明确。

第7节提出了著名的"理性事实"学说。在这个重要命题中，康德使用的概念就是观照：我们可以把对这原理之观照称作理性之一个事实（AkV31,Man kann das Bewußtsein dieses Grundgesetzes ein Faktum der Vernunft nennen）。康德在以下的行文中写道，道德法则是被给予的，"它不是经验的事实，而是纯粹理性的唯一事实"（es kein empirisches, sondern das einzige Faktum der reinen Vernunft sei），省去了"观照"一词。研究者多认定理性事实中"观照"一词很要紧，是否重要？

在提出理性事实的前面一节，第6节，康德对观照之运用作了诸多阐释。在这一节的注释中，康德提出的问题是能够直接观照的是道德法则还是自由。因为自由与道德法则有个看起来似乎是循环论证的怪圈，因而是康德必须面对的重要关节。在康德正面提出观照以自由为始还是以实践法则为始之问题前，他先写的两个"不问"（其实是一个"不问"，是一种层进的提问方式而已）中包含了一个极有意思的命题：一个无条件的实践法则是纯粹实践理性之自身观照（一般译作自我意识，

Ak V 29, ein unbedingtes Gesetz bloß das Selbstbewußtsein einer reinen praktischen Vernunft)。康德认为，自由是不能直接观照的，我们只能直接观照道德法则；由于观照道德法则才在自身中认识到自由。

康德设问道：对道德法则的观照是怎样可能的？（Ak V 30）

从本文的视角看，康德这样提问题，就把观照 Bewußtsein 概念凸显出来。本来康德提的问题就很重要：对无条件的、实践的事情认识从何处开始——从自由开始还是从实践法则开始？判定为从实践法则之观照开始，又提问"这种观照是怎样可能的"？观照概念之引人注目及显明其重要性莫过于此。

他的回答是：

我们观照纯粹实践法则，就像观照纯粹理论原理一样。一样在何处？康德讲了两个共同要点：一是它们都有必然性，一是剥离一切经验条件。

结论：

纯粹意志概念源于观照纯粹实践法则，就像观照纯粹知性源自观照纯粹理论原理。

观照纯粹理论原理，剥离一切经验条件，凸显了纯粹统觉（知性）。观照纯粹知性，意思就是纯粹知性观照自身，于是生认识主体，Intelligenz。观照纯粹实践法则，凸显纯粹意志。纯粹意志即自由（肯定意义上的）。此又即纯粹实践理性，观照自身生道德主体，Intelligenz。

至此，bewußt（观照）与牟宗三先生讲的智的直觉略相当之已完全显明。牟先生似对此概念全无感觉。他的译文中，und nicht vielmehr ein unbedingtes Gesetz bloß das Selbstbewußtsein einer reinen praktischen Vernunft 译成"抑或是否一个无条件的法则不宁只是一纯粹实践理性之意识"[19]，即把 Selbstbewußtsein 译成"意识"，略去 selbst。此译从 Abbott，未从 Beck。（此语义 Beck 译本较精，Abbott 译本漏掉 self，Beck 未漏。）可见牟先生未明白 bewußt、selbstbewußt 之观照、反观义。上引句其实有极重要意义。纯粹实践理性反观自身，亦即观照纯粹实践法则。采用牟先生喜欢用的"朗现"一词，可以说成"自由无限心自照则朗现道德法则"。

如果说格义是一种临时措辞、方便说法、教学方式，那么本文所涉及的都是已成定格的"成熟"见解，看作格义、反向格义，似乎看轻了它们。然而以大尺度观察，沧海桑田尚且互变，何况格义、反向格义！故而延伸观之，祈读者谅之。既有格义、反向格义，就须反思，对典籍的理解才能推进。此又须祈读者谅之者。

---

[19]《康德的道德哲学》，第165页。

附录三 直感判断力：理解儒学的心之能力[*]

一、牟宗三误读孟子

牟宗三《心体与性体》一书引述程明道下述言论："明道告神宗曰：'先圣后圣若合符节。非传圣人之道，传圣人之心也。非传圣人之心也，传己之心也。己之心无异圣人之心：广大无垠，万善皆备。欲传圣人之道，扩充此心焉耳。'（《宋元学案·明道学案》）此显本孟子而言也。"[1]

有趣的是，朱子曾严厉批评此语："愚谓此言务为高远而实无用力之地。圣贤所以告其君者，似不如是也。夫学圣人之道乃能知圣人之心，知圣人之心以治其心，而至于与圣人之心无以异焉，是乃所谓传心者也。岂曰不传其道而传其心，不传其心而传己之心哉？且既曰己之心矣，则又何传之有？况不本

---

[*] 本文完成于2007年5月28日，最初发表于《复旦学报》2007年第5期。
[1] 牟宗三：《心体与性体》（上册），上海古籍出版社，1999年，第68页。明道语见《宋元学案》第十三卷《明道学案上》，中华书局，1986年，第560页。

于讲明存养之渐，而直以扩充为言，则亦将以何者为心之正而扩充之耶？夫进言于君而虚夸不实如此，是不惟不能有所裨补，而适所以启其谈空自圣之弊。后之学者尤不可以不戒也。"[2]

上引牟氏文紧接着一段对朱子大加挞伐的话："释氏本心，圣人本天亦本心（本天即本心，非二本也），亦各本其所本而已。圣人所本之心是道德的创造之心，是与理为一、与性为一之本心。释氏所本之心是阿赖耶之识心，即提升而为'如来藏自性清净心'，亦并无道德的、实体性的天理以实之。……至朱子则视'以心为性'者为禅，此则真成只'本天'而不敢'本心'矣。是故伊川、朱子只继承明道义之一半也。"

是心、是性且先放下不论，我们关心的是，牟先生认为此段引文"显本孟子而言"能否成立。

孟子说"先圣后圣若合符节"在《离娄下》："舜生于诸冯，迁于负夏，卒于鸣条，东夷之人也。文王生于岐周，卒于毕郢，

---

[2] ［杂著］《记疑》，见《朱熹集》，四川教育出版社，1996年，卷七十，第3680页。朱子记录引语出处曰："偶得杂书一编，不知何人所记，意其或出于吾党，而于鄙意不能无所疑也。惧其流传久远，上累师门，因窃识之，以俟君子考焉。淳熙丙申三月乙卯。"丙申为淳熙三年，是年朱子47岁。束景南《朱熹年谱长编》断曰："三月十日，作《杂书记疑》，批评王蘋佛说。"束曰：《杂书》指周宪所记之《震泽记善录》。（华东师范大学出版社，2001年，卷上，第554页）又：郭晓东《识仁与定性》对此语出处及意义有详细讨论，见第102页以下，复旦大学出版社，2006年。

西夷之人也。地之相去也，千有余里；世之相后也，千有余岁。得志行乎中国，若合符节。先圣后圣，其揆一也。"说的是舜、文王，"地之相去也，千有余里；世之相后也，千有余岁"，对道的领会却是高度一致，从而能把自己领导国家的工作做的达到圣人境界。现在有争议的是，为什么"地之相去也，千有余里；世之相后也，千有余岁"圣人们还能高度一致？牟先生主张，圣人传心，甚至不是传圣人之心，不过是传自己的心。

牟先生似乎没有注意到孟子还有一句话："心之所同然者何也？谓理也，义也。圣人先得我心之所同然耳。"(《告子上》)

从这句话看，孟子既不本天，也不本心，而是本民心之同然，也即天下古今[3]之心共同认可。圣人得理、得义，并非脱离万民独断于心。圣人"先得"万民心之所同然。民心之同然，为本，为"心之正"，为基准。

牟先生并非未注意这段话。他在《心体与性体》中讲到康

---

[3] 就原文看，孟子只讲到天下，未言及古今。本文讲"天下古今"，取自朱子、阳明。朱子《中庸集注》："达道者，循性之谓，天下古今之所共由，道之用也。""达道者，天下古今所共由之路，即书所谓五典，孟子所谓'父子有亲、君臣有义、夫妇有别、长幼有序、朋友有信'是也。""谓之达德者，天下古今所同得之理也。"阳明曰："天下古今之人，其情一而已矣。先王制礼，皆因人情而为之节文，是以行之万世而皆准。"《寄邹谦之·二·嘉靖丙戌》，《王阳明全集·上》，第202页。阳明此语真本孟子而言者。本文取朱子扩展孟子"天下"为"天下古今"，但不取朱子对性、道之用等等的解说。

德道德哲学时说:"'纯粹理性如何其自身就能是实践的',这问题底关键正在道德法则何以能使吾人感兴趣,依孟子语而说,则是'理义何以能悦我心'。"(上册,第140页)不妨把孟子说"理义之悦我心犹刍豢之悦我口"全段多抄几句在这里:

> 故凡同类者,举相似也,何独至于人而疑之?圣人与我同类者。故龙子曰:"不知足而为屦,我知其不为蒉也。"屦之相似,天下之足同也。口之于味,有同嗜也,易牙先得我口之所嗜者也。如使口之于味也,其性与人殊,若犬马之与我不同类也,则天下何嗜皆从易牙之于味也?至于味,天下期于易牙,是天下之口相似也。惟耳亦然,至于声,天下期于师旷,是天下之耳相似也。惟目亦然,至于子都,天下莫不知其姣也;不知子都之姣者,无目者也。故曰,口之于味也,有同嗜焉;耳之于声也,有同听焉;目之于色也,有同美焉。至于心,独无所同然乎?心之所同然者,何也?谓理也,义也。圣人先得我心之所同然耳。故理义之悦我心,犹刍豢之悦我口。

牟氏在这本著作中反复讲到"理义之悦我心犹刍豢之悦我口",却基本上忽视了引出这一命题的"理义乃天下古今众心之所同然、圣人先得众心之所同然"。他的错误大致有两个方面。

附录三 直感判断力：理解儒学的心之能力

第一个错误是个自古及今普遍的错误，即把"圣人先得我心之所同然"中的"我"理解为我自己一个人。如阳明言及"我心之所同然"时，其语义是他个人的心与前贤个人的心有共同见解。由于这段话有至今未揭示的极其重要的意义，我们详细诠释如下。

首先要指出，要点在于"同然"之指称是什么：是圣人、我、众人之心之能力，还是由此能力得到的判断或领会？

其次提炼两个关键词：一曰"期于"，二曰"悦"。

先作简单分析。从语文分析角度看，"同然"当指判断。然，判断；同然，共有的判断。孟子说，心之同然为理、义。又，理、义之表达形式是判断，故心之同然不能不是判断。

进一步作义理分析，"天下期于"的只能是判断。天下众人都是同类。既然同类，各种官能（能力，特别指判断力）都是相似的。正因为相似，所以"天下期于"的对象不会是天下众人都期待心之能力，只能说是天下众人都有能力去期待易牙、师旷下判断。或曰：天下众人与易牙"口相似"，此为"同类"说意义所在。然而，易牙先得判断。孟子说："天下何嗜皆从易牙之于味也？"这个"从"字要紧。这种"天下皆从"，追随的是易牙先得的对美味的判断。确实，对易牙的"天下期于"证明天下之口相似，即各人的能力相似。但是"同然"不在天下之口相似，"同然"在判断（或领会）之一致。天下之口相似，或曰天下众人尝味能力相似，是能够"同然"的前提与基础。

说到理、义，乃是"圣人先得我心之所同然"。"我心"是众人之心，不是我一个人之心。理、义是判断，只是天下众人能悦之、不能得之；须有圣人先得之、宣示之，众人晓之，而后能悦之。圣人得之，天下皆从，是天下期于圣人久之。圣人所得，是天下古今之心所共悦。天下古今之众人，即一般意义上的"人民群众"，至少可解说为"我们"。某个"我"若要学圣人，不是"我"去直接与圣人同然，而是学圣人怎样"先得"人民群众之同然。

或许有人会提出疑问：天下古今之众人是否有感受理义之能力？《中庸》中有段话说："君子之道费而隐。夫妇之愚，可以与知焉，及其至也，虽圣人亦有所不知焉；夫妇之不肖，可以能行焉，及其至也，虽圣人亦有所不能焉。"由此可以体会，一般民众有能力感受理义。大概只是"百姓日用不知"，须圣人先得，之后才能清晰地知。

说到"悦"字，就涉及牟先生第二个错误：他错用了康德哲学。他把上述孟子言论依实践理性阐释。正确的思路是，应当把这些话依直感判断力（ästhetische Urteilskraft，通常译作审美判断力）阐释。这里涉及的是个更大的问题，是个重大的哲学问题：在论及中国道德时，是依照康德把道德哲学放在实践理性领域中讨论，还是把道德哲学放在直感判断力领域中

附录三 直感判断力：理解儒学的心之能力

讨论？

"圣人先得我心之所同然"涉及的是共通感（sensus communis, gemeinschaftliche Sinne，判断力批判，§40）。"悦"这个词是关键。孟子说的是"理义之悦我心犹刍豢之悦我口"，两用"悦"字；说到理义，也是用"悦"字。悦，只能是直感判断力，不能是实践理性。

为进一步讨论，这里从牟先生《圆善论》中引述相关论证。牟先生引述了上引孟子言论之后说道：

> 案：这是以足形、尝觉、视觉、听觉来模拟心觉之普遍性。模拟不是严格的推理，只是以此喻彼耳。足形是气化事实上是如此，其相同是大体相同，即一般地言之皆大体如此，此种同（普遍性）不是严格的普遍性。尝觉、视觉、听觉是人之感性大体如此，其同嗜、同听、同美之"同"亦不是严格的普遍性。但心之所同然者（即理与义）之普遍性是严格的普遍性，而心之"同然之"之同然之普遍性，即此心觉本身之同能作此肯定之肯定活动之普遍性，亦是严格的普遍性。此种心觉当然是超越的义理之心——纯理性的心；而其所肯定的理义亦不由外至，而是自内出，即此超越的义理之心之所自发者——此即是康德所说的意志之自律性、立法性，亦即是象山所说的"心即理"，王阳

明所说的"良知之天理"。惟有一点须注意，即：康德并不以此"意志之自律"为吾人之性；又……他亦更不以此自由为吾人之性。其故尽在他只以理性说意志，而不以心说之，而于作为实践理性的意志以外，又别说一感受性的良心，而此良心却不是道德底客观基础，却只是感受道德法则（感受义务）之影响于心这感受上的主观条件。凡此皆异于孟子、象山，以及阳明。[4]

牟先生说足形、尝觉、视觉、听觉之同不是严格的普遍性，我们是同意的。准确地讲，情况涉及直感（审美）判断，当然不会是实践理性意义上的普遍必然性。所以准确的说法应是足形、尝觉、视觉、听觉之同不是实践理性意义上的普遍必然性，而是直感判断力意义上的普遍性。

牟先生说足形、尝觉、视觉、听觉之同不是严格的普遍性，"但心之所同然者（即理与义）之普遍性是严格的普遍性"。这种把自己意见强加于孟子的作风实在令人震惊。他进一步断定，"此种心觉当然是超越的义理之心——纯理性的心；而其所肯定的理义亦不由外至，而是自内出，即此超越的义理之心之所自发者——此即是康德所说的意志之自律性，立法性，亦即是

---

[4] 牟宗三：《圆善论》，台湾学生书局，1985年，第30页。

象山所说的'心即理',王阳明所说的'良知之天理'"。直截了当地把心解释为相当于康德哲学的实践理性。

这里要指出,牟先生的论点"其所肯定的理义亦不由外至,而是自内出"十分要紧。这是他对孟子"心之所同然者何也?谓理也,义也"之诠释。我们解释孟子此语,指"同然"为众人之心之所同然,即圣人自本心之外而得。我们不否认,圣人也会从自己心之内而得。问题在于,基准何在?借用牟氏用语:圣人何所本?他只说了两个答案:或本天,或本心。我们认为还有第三种:本民,即本天下古今民心之所同然。圣人须以众人之心之所同然为基准。我们如此立论,主要依据即在这个"悦"字。

要讲清楚牟先生之失误,须对康德的直感判断力学说和伽达默尔的相关讨论有所了解。

二、康德的鉴赏学说及伽达默尔对康德的评论

浅表地看,上引孟子言论涉及康德《判断力批判》中讲的三种不同的愉悦(见该书§5)。天下之口之同嗜属于快适的愉悦。耳之同听、目之同美两项属于美的愉悦。心之同然似乎属于善的愉悦。其实,涉及口味,单解释为快适的愉悦似乎不妥。不用说口味在词源上就指鉴赏(Geschmack, taste,也有译作"趣

味"的；其实，译作"品味"最为贴切），美食既是味觉上的快适，也有美的意义。茶叶等级须由专家品尝确定，由此决定价格。品茶可以理解作鉴赏。类似地，西方社会有品酒师，品酒也属于鉴赏。故此，口味未必可单单解释作快适的愉悦。如此则口之于味、耳之于听、目之于色全属于美的鉴赏。

这段话一口气下来就讲到理、义之由来，并提出"理义悦心"之说。一旦用了"悦"字，心之同然能否属于善的愉悦就有了疑问。理义之由来极似可归结为鉴赏问题。

问题十分清楚：讲孟子，讲儒学，如果要引用康德哲学，是借鉴康德的实践理性学说，还是借鉴康德的判断力学说？

朱子在回答学生问"既云上智何以更有人心"时说，"人自有人心、道心，一箇生于血气，一箇生于义理。饥寒痛痒，此人心也；恻隐、羞恶、是非、辞逊，此道心也。虽上智亦同"。（《朱子语类》卷第六十二　中庸一）以康德哲学概念分析，饥寒痛痒属于理论理性领域的感觉，恻隐、羞恶、是非、辞逊属于直感判断力。唯朱子所说"道心生于义理"不妥。道心就是判断力。不是道心生于义理，而是义理生于道心（判断力）。道心是领会、创生义理的能力。朱子自己多次讲，"人只有一个心，但知觉得道理底是道心，知觉得声色臭味底是人心，不争得多"。（《朱子语类》卷第七十八　大禹谟）道心是知觉义理的能力，直感判断力也。

附录三 直感判断力：理解儒学的心之能力

阳明说得更为直接："良知只是个是非之心，是非只是个好恶。只好恶就尽了是非，只是非就尽了万事万变。"又曰："是非两字是个大规矩，巧处则存乎其人。"(《传习录》288)"良知只是个是非之心"，明指良知为判断力。"是非两字是个大规矩"，明言是非二字囊括"恻隐、羞恶、是非、辞逊"诸项，系总说。"是非只是个好恶"，"只好恶就尽了是非"，明指良知为直感判断力。"好恶"即康德哲学"愉快和不愉快"(Lust und Unlust)，以好恶断是非，是非即为直感判断。

牟先生之失，在于从起始处就依康德论道德讲实践理性断定，讲中国道德也须讨论实践理性。1992年10月最初出版的他手译的康德《判断力批判》，在卷首"译者之言"中声明自己为什么如此之晚才想到翻译此书："吾原无意译此书，平生亦从未讲过美学。处此苦难时代，家国多故之秋，何来闲情逸致讲此美学？故多用力于建体立极之学。两层立法皆建体立极之学也。立此骨干导人类精神于正途，莫急于此世。"[5]

这就是说，牟先生声明，研究中国道德无预直感（审美）判断力；讲论心性学说（为道德建体立极），直依康德实践理性批判即可，无预判断力批判。请读者注意：这是牟先生晚年的说法。

---

[5] 康德:《判断力批判》(上册)，牟宗三译注，台湾学生书局，1992年，第Ⅳ页。

对于本文,同时也是对于儒学研究,更广阔地说,对于道德哲学研究,康德的判断力批判重要之处在于涉及道德情感的论断。但在论及道德情感之前,先须把与判断力相关的一些基本问题讲清楚。

众所周知,康德把判断力当作知性(又称纯粹理性、理论理性)与理性(又称实践理性)的中间环节;对应于心之三种基本能力中的情感能力、认识能力、欲求能力。(见《判断力批判》第一版序言Ⅲ)希腊哲学之后,西方哲学一直忽略了一个重要问题:思想中的创始性的命题是怎样得来的?例如,我们以物理学为例,一个物理学理论的公理是怎样得来的?爱因斯坦狭义相对论中的光速不变原理是怎样得来的?当然不会由感性得来,必定由理性得来。那么,是逻辑演绎得来的,还是归纳推理得来的?用上面引用的康德术语表述,认识能力(有时用理性一词表达)分为三环节:理论理性(或曰知性)、实践理性(或曰理性)、判断力。论及演绎、归纳,那都是在理论理性(知性)领域找答案。很明显:不是理论理性,就是判断力。

康德在前批判期著作中有个大胆的说法:使判断可能的认识能力是内感觉能力。[6]这项伟大的思想或出于鲍姆伽

---

[6] A Kant Dictionary, Howard Caygill, Blackwell Publishers, 1995, p.258 'inner sense'条;又参见《康德著作全集》中文第二卷67页,中国人民大学出版社,2004年。

附录三 直感判断力：理解儒学的心之能力

登，虽然表述上相当模糊。正因为如此，他采取了直感判断力（ästhetische Urteilskraft）的说法。这一说法暴露了西方哲学感性、理性二分的困境：在理性能力中划出一种"感性的"能力。

这样，我们就知道，康德在《判断力批判》上卷中讲直感判断力，虽然他直接讲的是涉及心之情感能力的美学。然而我们若把美学（Ästhetik）一词诉诸其古希腊文原义，就可以从美学领域扩展到知识领域和实践领域，探索解决科学和道德、法权、宗教等领域中一些迄今未能研究妥帖的问题。因此，我们把这个词译成感学或直感学。

康德在《判断力批判》一开始就论断到：鉴赏判断是直感的（ästhetisch）[7]，并把这个命题作为第一节的标题。这一节与以下四节阐明美的四环节（Moment，通常译作"契机"）之第一环节。这一环节的结论是：鉴赏是那种评判能力，评判一个对象或一个表象方式的能力，通过不带任何利害的愉悦或不悦评判。该对象，一种这样的愉悦之对象，叫作美。对比以下三个环节分别阐述美的普遍性、合目的性、必然性，不妨称此第一环节阐述的是美的直感性。

对本文而言，要指出的是，康德对心之这种能力仅仅关乎

---

[7] ästhetisch 通常译作"审美的"，也有译作"感性的"；鉴赏判断或译趣味判断、品味判断。

美，看得太过狭隘了。"通过不带任何利害的愉悦或不悦的评判能力"可否用于解释新儒学论道德？只要把这里讲的"利害"解释为"人心""人欲"，"不带任何利害"解释为排除"人心""人欲"干扰，那么这种通过愉悦作评判的能力连到道心就十分顺畅，连到"理义悦心"也就十分顺畅。

我们这样立论得到伽达默尔的支持。他主张，"认为判断力只有在自然和艺术领域内作为对美和崇高东西的判断力才是创造性的，决不是真实的情况。……自然和艺术中的美应当被那弥漫于人的道德现实中的美的整个广阔海洋所充实"。[8]

伽达默尔讨论鉴赏问题时首先就令人警醒地点出了一个西方思想史上的事实："鉴赏概念最早是道德概念，而不是审美概念。鉴赏概念描述一种真正的人性理想……"[9]伽达默尔指出，鉴赏的主要问题既要承认某物是美的，还要关注"整体"，所有美的东西都必须与这个整体相适应（zu passen hat）。他同意康德区分知识判断与审美判断的路数："鉴赏并不要求每个人都同意我们的判断（按：这是知识判断之要求），而是每个人都应当与我们的判断相协调（如康德所指出的那样）（按：

---

[8] 伽达默尔：《真理与方法》（上卷），洪汉鼎译，上海译文出版社，1999年，第49—50页。
[9] 同上，第44页，译文依英文本作了改动。

这是审美判断的要求，见康德《判断力批判》第22节）。"鉴赏概念表现着一种认识方式，与判断力一样，对个别事物作评判时考虑着一个整体，是否这个别事物与所有其他事物相适合（zusammenpaßt, zusammen + passen），是否这个事物也是"合适的"（passend）。"我们必须对此有'感觉'。"[10]请注意这里的用词 passen。这个词用来表达某个人衣着是否合身、某种装饰是否相配等等的判断，引申用于表达判断某个行为举止的恰当性也无不可。这种对恰当性的表达方式，在今日中国社会的日常语言中常常可以用"得体"代换。例如"小李这身衣服很合身"（审美判断），"小李穿这身衣服出席今天的会很合适"（道德判断，不排除其审美判断成分），可以说成"小李今天衣着得体"（完全属道德判断）。审美判断很容易地、丝毫觉察不到地就转换成道德判断。合适＝得体。"体"究竟何所指？这里的"体"显然不是指上文提到的"整体"。整体是由多个个别组成，是个集合的名称。"得体"之"体"当为一单数词，当指一个理念，或者"美之理想"。在道德领域，当指"天理"。

伽达默尔正确地断言，"凡是想到整体的地方都需要这样一种感觉……所以鉴赏决不限于……自然美和艺术美，而是包

---

[10] 伽达默尔：《真理与方法》（上卷），洪汉鼎译，上海译文出版社，1999年，第48、49页。

括了道德和礼仪的整个领域"。[11]道德概念不是作为一个整体被给出,或规范地一义性地被规定。他认为,"用法权和道德的规则调理生活是不完善的,那样调理需要创造性的补充。这就需要判断力,由判断力正确地评价具体情况"。伽达默尔先从人们熟悉的法官实践讲起。法官须正确运用普遍原理,同时还须在他的裁决活动中使法律在个别案件的创造性应用中得到补充和发展。他说,"如同法一样,道德也是鉴于个别情况的创造性而不断得以发展"。从而进一步指出康德关于规定的判断力、反思的判断力之划分不是无条件的。(参考上引书第50页)

伽达默尔对判断力在道德领域的活动之本性或曰实际情况作了进一步的分析。无论规定的判断力(按康德的说法,把个别事例归属到某个已有的普遍规则之下)还是反思的判断力(从个别情况寻找、提升出新的普遍性),判断力活动都面对着个别情况。于是伽达默尔把注意力集中到"个别情况"之上。他发现,不能把判断力活动的个别情况局限于看作某种普遍规则或普遍概念的特殊事例。"它其实经常是一种'个别的情况'……一种'特殊情况',因为它并不通过规则来把握。"对情况的判

---

[11] 伽达默尔:《真理与方法》(上卷),洪汉鼎译,上海译文出版社,1999年,第49页。

断不是简单地应用普遍准则，而是"这评判本身一同规定、补充和修正了这准则"。于是他引出下述结论："一切道德上的判决（Entscheidungen）都要靠（verlangen）鉴赏"，"鉴赏虽然确实不是道德判断的根据，但它却是道德判断的最高完成"。伽达默尔甚至说，"希腊伦理学在一种深刻和广泛意义上就是好鉴赏的伦理学"。[12]

上述伽达默尔学说引申开去看，有着对康德道德哲学批评的内涵。评判一个行为是否道德，若依实践理性，那就是按普遍的道德法则决断这一特殊事例正确与否。但依上述说法，某些事件在运用普遍准则评判它时可以补充、甚至可以修正这已有准则。道德领域的评判活动要求鉴赏介入，要依靠反思判断力。这些说法须用于西方道德，若移用于讲述中国儒学的道德理论，真的会是"如合符契"。

三、康德、伽达默尔论共通感以及天理之由来

至此，本文立论还只讲了一半，只讨论了心的哪种能力与道德评判相关，还没有涉及道德判断（法则或原理）"心之所

---

[12] 伽达默尔:《真理与方法》（上卷），洪汉鼎译，上海译文出版社，1999年，第50—51页。

同然者"。与本文开端处论题相关的就是:心即理,还是须析心、理为二?

先儒论学所用名词,以今日眼光看,常常是一词多义,因而在讨论时常常由一个意义滑到另外一个意义,不知不觉地"偷换概念":用语未变,概念变了。这是许多争执纠结难解的理论根源(或曰语言根源)。因而我们研究时须尽可能地以今日用语之明确、一义,分解古人用语之含混、多义。

前文已经区分了心之两层概念:一是判断能力,一是判断。在今人,这两层意思清晰而分明,在古人,这两层意思则混合圆融。如朱子《中庸章句序》曰:"心之虚灵知觉,一而已矣,而以为有人心道心之异者,则以其或生于形气之私,或原于性命之正,而所以为知觉者不同……必使道心常为一身之主,而人心每听命焉……"乃就主要能力而言。又如朱子《大学章句》首注曰:"明德者,人之所得乎天,而虚灵不昧,以具众理而应万事者也。但为气禀所拘、人欲所蔽,则有时而昏;然其本体之明,则有未尝息者……"乃就判断(道德原理或法则)而言。阳明曰:"知是心之本体。心自然会知。见父自然知孝,见兄自然知弟,见孺子入井,自然知恻隐。此便是良知。不假外求。"(《传习录》8)乃就能力而言,且此处所说能力还须进一步分解。又曰:"若鄙人所谓致知格物者,致吾心之良知于事事物物也。吾心之良知,即所谓'天理'也。致吾心良知之'天理'于事

附录三 直感判断力:理解儒学的心之能力

事物物,则事事物物皆得其理矣。致吾心之良知者,致知也。事事物物皆得其理者,格物也。是合心与理而为一者也。合心与理而为一,则凡区区前之所云,与朱子晚年之论,皆可以不言而喻矣。"(《传习录》135,《答顾东桥书》)此处所说"良知即天理"乃就判断(道德原理或法则)而言[13]。"良知即天理":阳明十分明确地混心与理为一,把知觉能力与知觉所得合一;先儒还把知觉能力的不同部分混在一起。要区分清楚判断能力、判断结果两层概念,就要以西方哲学关于共通感的学说为镜照一照儒学的心性学说。

康德在《判断力批判》中依照他的哲学惯常思路对鉴赏判断作了先验演绎。用通俗的语言表述,所谓先验演绎要做的事是揭示鉴赏判断在其本性中要求着什么。这个演绎告诉人们,鉴赏判断虽然是发自某一个个人的主观经验,在这判断的本性中却要求着一切人的普遍同意。"不知子都之姣者,无目者也。"当我判定子都美时,这个判断要求着(请注意:不是我要求着,而是这种判断本身、这种判断之本性要求着)天下一切人的同

---

[13] 阳明此处所谓"致知",乃一评判活动。此语与康德《判断力批判》论美的理念一段颇相合。见该书§17"美的理想","最高的典范,即鉴赏的原型,只是一个理念,每个人必须在自己心里把它产生出来,他必须据此来评判一切作为鉴赏的客体、作为用鉴赏来评判的实例的东西,甚至据此来评判每个人的鉴赏本身"。(邓晓芒译,人民出版社,2002年,第68页)

意。谁不同意,他就是没长眼睛!

而且,这里要求着的普遍性不是牟宗三先生认为的"严格的普遍性",鉴赏判断不是有对象的知识判断,所以要求着的是"每个人都应当与我们的判断协调一致"(并见康德《判断力批判》第22节,邓晓芒译本76页)。事实上并不存在普遍性,而是鉴赏判断要求着普遍性。如此,怎么可能会有严格的普遍性!严格的普遍性可以存在于有对象的知识判断,也可以存在于基于纯粹实践理性的无上命令,却不会存在于鉴赏判断。

鉴赏判断,即反思判断、直感判断,出于直感判断力(或译审美判断力)。日常语言中"感觉"一词时有此意义。感觉(Sinn,英语sense)这个词,如今已经被流行哲学糟蹋、贬低得不像样子了。这个词在西方古典哲学和我国流行哲学中只剩下最低下的"五官感觉"意义,而在音乐感(Sinn für Musik, sense of music)、幽默感(Sinn für Humor, sense of humour)、语感(language sense)等用语中透露的直感意义都被排除出哲学研究。更不必说在sound sense(通常译作"健全理智")一语中传达的直感意义[14]。这是流行哲学脱离日常语言的一个典型案例。

---

[14] 确切地说,此处sense当指直感判断力。这里的sense显然不宜译为"(五官)感觉"。sound传达了与他人协调的意思,否则就不能叫作健全。德文中Sinn同样有直感判断力的意义。

附录三 直感判断力:理解儒学的心之能力

在《判断力批判》中,康德也从语言的日常使用讲起。他说,人们常常给判断力加个什么什么感觉的名称,诸如真理感、正直感云云。人们似乎并不认为这是够高的认识能力,故而贬称之为"共同的人类知性",不过当作"健全知性"看,[Der gemeine Menschenverstand, als bloß gesunden (noch nicht kultivierten) Verstand][15]加以"普通感觉"的称呼[mit dem Namen des Gemeinsinnes (sensus communis)]。

Gemeinsinnes (sensus communis) 这个关键词浮现出来了。翻译是困难的,这个词意蕴太丰厚了。刚才译作"普通感觉",现在则译作"共通感觉"或"共通感"。康德写道:"但是,在这 sensus communis 之下人们必须理解作一种共同的感觉(eines *gemeinschaftlichen* Sinnes)也即一种评判能力(eines Beurteilungsvermögens)之理念。"康德在这里把 Gemeinsinn 拆解成 *gemeinschaftlicher* Sinn、*gemeinen* Sinn[16],这个关键词的意义立刻显现出来。原来共通感 Gemeinsinn 的意思是一种已经形成、已经获得的共同感觉、共同意见、共识。而

---

[15] 第40节,邓译上书135页,并参考宗白华先生的译文《人间的常识》《单纯的健全常识》。
[16] 伽达默尔在《真理与方法》中引用 *gemeinen* Sinn 时,直接解释为判断能力。他把共通感 Gemeinsinne 解释为共同意见,即孟子所说众人的"心之所同然者"。伽达默尔极强调其中包含的道德哲学意义。参见洪汉鼎中译本上册第41页。

gemeinschaftlicher Sinn、*gemeinen* Sinn 则意味着每个人都应该具有的（感觉）能力。这种能力，康德直接解释为评判能力（Beurteilungsvermögen）。这样，他就论证了，每个人在作出判断时，都认定别人有着同样的评判能力，因此自己的判断应该得到普遍的同意。

他的分析是："比之健全知性（der gesunde Verstand），鉴赏可有更多的权利被称作共通感（sensus communis）；而直感判断力，比之智性判断力，更可加以共同感觉（eines gemeinschaftlichen Sinnes）之名。"注曰："我们可用直感共通感（sensus communis aestheticus）表示鉴赏，用逻辑共通感（sensus communis logicus）表示普通人类知性（宗白华译作'人们的常识'）。"对共通感 sensus communis 作了进一步区分。

定义：鉴赏是那种能力，先天地评判那些情感之可传达性的能力，那些情感与给予的表象（不借助于概念）结合着。（参见邓晓芒译本第 138 页）

随后，康德就确定鉴赏判断之客观性。他的思路十分清晰：他先讨论感觉的可传达性，随即从中抽绎出情感的可传达性问题。其实，在这里就可以引出道德哲学的论据：用鉴赏或曰直感共通感（sensus communis aestheticus）作为道德原理。可传达的情感无非是愉悦、不悦二者，用阳明的话说就是"好恶"：愉悦，好；不悦，恶。阳明曰："是非只是个好恶"，"只好恶就尽了是非"。康德如果在此采取中国哲学路数,就立刻引出道德原理。

道德的最高原理,先儒称之为天理。天理无非就是共通感。前引孟子讲的"心之所同然者何也?谓理也,义也"。"心之所同然者"不就是共通感吗?还会是别的什么吗?天理就是天下古今心之所同然者[17]。

伽达默尔在《真理与方法》"共通感"一节中引述了大量欧洲哲学史史料,展示了欧洲思想中主张共通感为道德基础的哲学大师不乏其人,诸如维柯(意大利)、沙夫茨伯里(英国,还论及苏格兰哲学)、柏格森(法国)、厄廷格尔(德国)。

伽达默尔引述维柯思想:对教育来说,重要的是造就共通

---

[17] 张横渠曰:"所谓天理也者,能悦诸心、能通天下之志之理也。""'在帝左右',察天理而左右也。天理者时义而已。君子教人,举天理以示之而已;其行己也,述天理而时措之也。"(张载:《正蒙·诚明篇第六》,《张载集》,中华书局,1978年,第23页。)"天无心,心都在人之心。一人私见固不足尽,至于众人之心同一则却为理义,总之则却是天。故曰天曰帝者,皆民之情然也,讴歌讼狱之不之焉,人也而以为天命。"(《经学理窟·诗书》,《张载集》,第256页。)张子此语真正继承孟子理义悦心学说,道破天理之所以为"天"之秘密所在。天理之由来无他,天下古今民心之所同然也。不讲透这一点,孟子"民本"政治思想就显得浮泛浅薄无根,失去哲学基础。
持类似学说者还有戴震:"心之所同然始谓之理、谓之义;则未至于同然,存乎其人之意见,非理也、非义也。凡一人以为然,天下万世皆曰'是不可易也',此之谓同然。"(《孟子字义疏证》)

感。"共通感在这里显然不仅是指那种存在于一切人之中的普遍能力,而且它同时是指那种导致共同性的感觉。"(第25页)共通感是在所有人中存在的一种对于合理事物和公共福利的感觉。(第27页)"精神科学的对象、人的道德的和历史的存在,正如它们在人的行为和活动中所表现的,本身就是被共通感所根本规定的。"(第28页)

"按照沙夫茨伯里的看法,人文主义者把共通感理解为对共同福利的感觉,但也是一种对共同体或社会、自然情感、人性、友善品质的爱。"沙夫茨伯里跟随古罗马人的想法,"即那种在人性里包含着优美的生活方式、包含着领会并造就快乐的人的行为方式的想法"。……"共通感中实际包含着一种道德的、也就是一种形而上学的根基。""这就是同情(sympathy)这种精神的和社会的品性。"(第31页)

"日常感觉(commen sense)概念在苏格兰哲学里曾经起了一个实际上是核心的重要作用。""……他们又把握了日常感觉与社会的联系。""日常感觉或健全感觉(des commen sense oder bon sens)概念里的道德因素,直至今天仍然在起作用,并且使这个概念与我们的'正常人类理智'(gesunden Menschenverstandes)概念区分开来。"(第32页)对于柏格森来说,"……健全感觉不同于感觉,它触及社会环境","其他感觉使我们与事物发生关系,而健全感觉则支配我们与人之间的关系"。"健全感觉作为思想和意愿的共同源泉,就是一种社会感……"(第33页)"厄廷格尔明确地把对于一切时间和一切地方皆有益于人的共同真理的感受作为'感性的'真理从理性的真理区分出来。共同感觉是一种本能的复合物……在19世纪和20世纪喜欢称之为'直觉'的东西被带回到它的形而上学基础上,即被带回到在每一个个体里都包含有整体的这样一种有机生命存在的结构上:'生命循环的中心在于心灵,心灵通过共通感认识无限。'"(第37、38页)

紧接着,在"判断力"一节,伽达默尔写道:"可能正是因为18世纪德国这种思想的发展使得共通感概念与判断力概念最紧密地结合了起来。'健全的人类理智'(Der gesunde Menschenverstand, J. Weinsheimer & G. Marshell 英译本译作 good sense),有时也被称为'共同的理智'(Der gemeine Verstand, J. W. & G. M. 英译作 commen understanding),其特征实际上根本是由判断力所规定的。"他尖锐地指出康德"规定的判断力"学说面临的困境:"实际上,判断力的活动,即把某个特殊事物归入某种一般东西中,例如把某事认作某个规则的实例,在逻辑上是不可证明的。因此,判断力由于需要某个能够指导它的应用的规则而处于一种根本的困境中。因为正如康德所尖锐地指出的,为了遵循这个规则它将需要一个其他的判断力。所以判断力一般来说是不能学到的,它只能从事情上去判断,而且在这一点上,它更是一种类似感觉的能力。判断力是某种绝对学不到的东西,因为没有一种概念的说明能指导规则的应用。"(第40页)"康德关于规定的判断力和反思的判断力的区分并不是没有问题的。"(第41页)

"在鲍姆加登那里基本已完全确定:判断力所认识的东西是感性的个体,即单个事物,判断力在单个事物中所断定的东西则是该事物的完满性或者说是非完满性。"必须注意,这里说的是"感性的个别事物本身之所以被把握,乃是由于在它们那里见出了多与一的一致性。所以这里不是对于某个普遍东西的应用,而是说内在的一致性乃是决定性的东西"。(第40页)

请注意"内在的一致性乃是决定性的东西"。伽达默尔明确提出,共通感、判断力与道德相关,不能仅仅局限在美学领域。

"共通感的意义内涵很难被限制在审美判断上……共通感并不首先是一种人们必须练习的形式能力或精神能力,而是始终包含了判断和规定判断内容的判断标准的整体。"这里所说"整体"即上述"内在的一致性"。"健全的理性、共同的感觉,首先表现在它所做的关于合理和不合理、适当和不适当的判断里。……被归给判断能力的普遍性根本不像康德所认为的那样,是某种'共同的'东西。判断力与其说是一种能力,毋宁说是一种对一切人提出的要求。所有人都有足够的'共同感觉',即判断能力,以至我们能指望他们表现'共同的意向',

即真正的公民道德的团结一致，但这意味着对于正当和不正当的判断，以及对于'共同利益'的关心。""共通感就是公民道德存在的一个要素。"（第41页）

而康德道德哲学有着全然不同的后果："与此相反，康德在其《判断力批判》里对这一概念的采用则有完全不同的强调重点。这一概念的基本道德含义在他那里不再有任何重要的地位。众所周知，正是为了反对英国哲学里出现的'道德情感'学说，康德提出了他的道德哲学。所以，共通感概念被他从道德哲学里完全排除出去了。""凡是涉及道德命令的无条件性的东西是不能建立在情感基础上的，即使人们并不是指个别的情感，而是指共同的道德感受性，情况也是这样。因为具有道德性的命令的性质，是根本地排除对其他事物的权衡考虑的。"（第42页）[18]

当然，宋儒称性理得之于天也有其真实的、确定无疑的根据。天命之谓性，性即理。恻隐、羞恶、辞让、是非四端皆与生俱来，天之所禀也。再者，恻隐之心仁也，羞恶之心义也，恭敬之心礼也，是非之心智也，仁义礼智即天理也，于是天理为我所固有者。这里的逻辑推理关节处在于四端还须存养扩充，不能立刻就等于仁义礼智。更为要点的问题是：四端扩充到何

---

[18] 可与宋儒主张的"有经有权"作个对比，足见儒学不能主张道德命令之无条件性。

地步方为仁义礼智。对于先儒来说,怎样达到心与理完全合一,换言之,即途径问题,更为重要。但这超出了本文的论题。

四、中国道德哲学:依据实践理性还是直感判断力?

康德竭力把共通感(鉴赏、鉴赏判断等等)排除出道德哲学,伽达默尔为此批评康德,并且展示许多。现在我们须论证的问题是:在中国哲学研究中,研究道德哲学,主要不是依据实践理性,而是须依据直感判断力。

研究中国哲学的学者都知道直感(或者称之为直觉)在中国思想中的意义。对此,牟宗三先生有十分清晰的认识。他专门写了一本书《智的直觉与中国哲学》(1971年,台北商务印书馆)。在1975年出版的《现象与物自身》一书"序"中,他述及该书,声称自己"重述康德,引出康德书中所说的智的直觉之意义与作用。并述儒、释、道三家,以明其义理非通过智的直觉之肯定不能说明。如若真的人类不能有智的直觉,则全部中国哲学必完全倒塌,以往几千年的心血必完全白费,只是妄想"。[19] 我们完全赞同他主张以直感说明中国哲学义理的论断,但不得不惋惜地说,牟先生诉诸纯粹实践

---

[19] 牟宗三:《现象与物自身》,台湾学生书局,1984年,第3页。

附录三　直感判断力：理解儒学的心之能力

理性，而非诉诸直感判断力，是错用了康德哲学。按康德，在自然领域，认识必须有概念、有（感性）直观，如此才能构建现象体（Phänomenon）；在自由领域，要构建存在体（即意会体，Noumenon）或概念，同样必须有直观，此处不能是感性直观，故当为智性直观。但是人类没有此种直观。或许神、天使有之，云云。由此可见，牟先生狃于康德道德与纯粹实践理性相关之成说，加之是时忽视《判断力批判》，未能跳出一步看问题，在思路上犯了方向性错误，以至他的正确洞见未能得出更有价值的学说。

牟先生按照康德的思路声称："道德即依无条件的定然命令而行之谓。发此无条件的定然命令者，康德名曰自由意志，即自发自律的意志，而在中国的儒者则名曰本心，仁体，或良知，而此即吾人之性体……"（《智的直觉与中国哲学》）其实，"无条件的定然命令"大概只有在摩西十诫中才有实现。以最简单的"不可偷盗""不可说谎""不可杀人"为例，孔子既讲诚，也讲"父为子隐、子为父隐，直在其中"，孟子讲"大人者，言不必信，行不必果，唯义所在"。即如西方基督教社会，在一定情况和条件下也表扬偷窃和杀人：007为某个国家的私利冠以"国家利益"偷窃敌国情报、滥杀敌国人员，不仅不算不道德，还成了英雄。

当然，讨论哲学问题，"举例说明"不可为法，须对文化基底、主流哲学学说作分析取得证据。上引文引出了一个重要问题：

无疑，意志决定人的行为，换句话说，意志是行为的原因，康德即以此确认，道德问题须在实践理性领域考察。然而，道德法则、道德原理却未必由实践理性确定。这是涉及文化背景的另外一个问题。对儒学乃至中国哲学，道德法则或道德原理之来源，是否源自实践理性，是个待考察的问题，决不能想当然地认定源自实践理性。

康德所称的自由意志，即为有道德立法能力的纯粹实践理性。康德以"无条件的定然命令"（即无上命令，纯粹形式的普遍立法）为自由的证明。康德主张，"纯粹理性是实践的，这就是说，它能够不依赖于任何经验的东西自为地决定意志"，它通过自律这个事实做到这一点，"它同时指明：这个事实与意志自由的意识不可分割地联系在一起，甚至与它是二而一的"。（《实践理性批判》"原理演绎"）"不依赖于任何经验的东西"意即道德命令不含有质料。

然而中国道德最高原理却不是纯粹形式的无上命令。首先看一下道德哲学核心概念之一的"至善"。在西方思想中，"至善"一词源出于亚里士多德四因说，为终极目的之表达。在康德哲学中，至善是个纯粹的辩证理念，而且内含着纯粹形式的道德法则。而在儒学中，至善却不是纯粹形式、理念。"大学之道在止于至善"——此至善为中和。"和也者天下之达道也"；"礼之用和为贵"；和，无过无不及之谓也，须有经有权、随时……

可见至善绝不是纯粹形式。如此,"止于至善"就不会是"无条件的定然命令"。至善概念在儒学、康德哲学中距离如此之大,可以说在根本上不同。

其次的问题是:怎样认识至善,怎样在践行中把握至善(止于至善)——结合本文主题,运用心之哪种能力,运用实践理性,抑或运用直感判断力。这是中国哲学的道德哲学中的重要问题。本文不可能详细叙述先儒的诸多讨论,只指出最为重要的一点,那就是:康德认定可以按逻辑从纯粹实践理性先天地推出道德法则,而且此道德法则是纯粹的形式;但儒学认定,至善是要随时体认、把握的。至善即时中,朱子曰"中无定体","随时以处中"[20]。王阳明亦称"道无方体,不可执着"。[21]亚里士多德的至善是静谧的纯粹形式,永恒地发着光。天理却是活泼泼地灵动着的道,"非言语所能喻"。西方哲学的 discursive 路数

---

[20] 朱熹《大学章句》:"止者,必至于是而不迁之意。至善,则事理当然之极也。"《中庸章句》曰:"中庸者,不偏不倚、无过不及,而平常之理,乃天命所当然,精微之极致也。""君子……能随时以处中。……盖中无定体,随时而在,是乃平常之理也。"
[21] 见《传习录》66。阳明把天理等同于中:"……无所不中,然后谓之大本。无所不和,然后谓之达道。惟天下之至诚,然后能立天下之大本。曰:'澄于中字之义尚未明。'曰:'此须自心体认出来。非言语所能喻。中只是天理。'"(《传习录》76)请注意,这里讲的是怎样实现天理,阳明曰"不可谓未发之中常人俱有"。(《传习录》45)此语暴露了他的理论困难,但超出本文论题范围,当另文讨论。

到笛卡儿达到自觉，明确提出哲学的"清楚明白"准则。按中国哲学的 intuitive 路数，与其说道德命令不是纯粹形式的，其中含有质料成分，不如说在中国思想中未曾形成形式、质料的抽象割裂和对立。这种情况可以看作中国思想境界较西方思想更高一层之证据。无论如何，对中国哲学而言，"道德即依无条件的定然命令而行之谓"是不能成立的。"发此无条件的定然命令者，康德名曰自由意志，即自发自律的意志，而在中国的儒者则名曰本心、仁体，或良知，而此即吾人之性体"真可谓之荒谬。或许正因为中国思想未曾把形式、质料这对概念抽象化，拔高为最主要、最基本范畴，才形成围绕直感判断力建设道德哲学的局面。

此处朱子和阳明说的"体认""体究"，全属使用直感判断力或曰反思判断力。牟先生认定为直觉，极其正确。可惜的是归结到纯粹实践理性，说为"智的直觉"（智性直观），误矣！设若调整思路，把直觉一词换位到定语，意欲换成情感（实践领域换成判断力领域），从直感判断力入手，就准确把握住解说中国道德哲学的心之能力。

此处正是指出情（感情）与情感区别的合适地点。康德哲学论情感能力为直感判断力，注重讨论感觉与情感之区别。如舌知咸、淡为感觉能力，知是否味和则为情感能力即判断力。但于感情与情感之区分则注意甚少，与中国哲学相比，差之甚

附录三 直感判断力：理解儒学的心之能力

远。盖恻隐、辞让（或辞逊）、羞恶、是非，程朱皆曰情，戴震断为心；喜怒哀乐亦称为情，或再扩大至爱恶惧曰七情[22]。今日皆称之为感情。情（感情）皆有多种，且每种有或连续或断断续续的不同程度。康德哲学中的情感概念则只有两种：愉快与不快。情或感情之某种程度，得当的程度，方由情感能力感应为愉快；未达得当程度，其感应均为不悦。不悦包含恶感，却未必是恶感。此犹不妥可包含罪恶，却未必就是罪恶。

阳明有一言有助于领会康德哲学"愉快"（Lust）情感一词之意义。"问：'乐是心之本体。不知遇大故于哀哭时，此乐还在否？'先生曰：'须是大哭一番方乐，不哭便不乐矣。虽哭，此心安处，即是乐也。本体未尝有动。'"（《传习录》292）遇大故须大哭一番方心安，乃《中庸》喜怒哀乐发而皆中节之意思。此处"乐"字与康德哲学"愉快"情感相当。"心安"即是判断，为愉快之内涵。西子捧心，美也，观看者绝非以彼之痛苦为愉快。

区分了情、情感，则先儒所谓心、性、良知就其知觉能力意义上说，则有情与情感两义。现吾析孟子"恻隐之心仁之端也"曰：恻隐，情也；恻隐之心，情感能力也；恻隐之情由良

---

[22] 朱熹曰："四端是理之发，七情是气之发。"问："看得来如喜怒爱恶欲，却似近仁义。"曰："固有相似处。"（《朱子语类》第四册，《孟子·人皆有不忍人之心章》，第1297页）大抵涉及人事的感情与道德相关。朱子此说当深究之。

知（心，其情感能力或曰直感判断力方面）把握得当即为仁。余辞让、羞恶、是非类推之。

依直感判断力解读孟子，就能领会到孟子已经提出的完整道德学说；然而先儒仅仅截取其一半，丢掉了上面的一半。丢掉的这一半就是共通感，即本文前面引用的"心之所同然者何也？谓理也，义也"。

孟子固然说："仁义礼智，非由外铄我也，我固有之也，弗思耳矣。故曰：求则得之，舍则失之。"（《孟子·告子章句上》）然而又说心仅仅具"恻隐、羞恶、辞让、是非"仁义礼智之端。"凡有四端于我者，知皆扩而充之矣。……苟能充之，足以保四海；苟不充之，不足以事父母。""扩而充之"极其要紧。这就是说，孟子虽然说"万物皆备于我"，其实与生俱来所备有的是四端而已。必须存养扩充才可以生长，达到仁义礼智。德者得也。存养扩充犹如植物自种子嫩芽到成株的生长。

于是出现一个重大的根本问题：扩充到何等程度才算仁义礼智？须知过犹不及。且看阳明的说法：

> 澄在鸿胪寺仓居。忽家信至，言儿病危。澄心甚忧闷不能堪。先生曰："此时正宜用功。若此时放过，闲时讲学何用？人正要在此时磨炼？父之爱子，自是至情。然天理亦自有个中和处。过即是私意。人于此处多认做天理当

忧，则一向忧苦，不知已是'有所忧患，不得其正'。大抵七情所感，多只是过，少不及者。才过便非心之本体。必须调停适中始得。就如父母之丧。人子岂不欲一哭便死，方快于心？然却曰'毁不灭性'。非圣人强制之也。天理本体，自有分限。不可过也。人但要识得心体，自然增减分毫不得。"（《传习录》44）

此处的要点在于"调停适中"四字。"调停"向谁去调停？以什么为基准调停才算是适中、才算是无过不及？宣布"天理自有个中和处"容易，落到实处则难矣哉。难在凭一己之心难把握分寸。孟子说得十分明确："心之所同然者何也？谓理也，义也。圣人先得我心之所同然耳。"参之前此所说口之于味、耳之于声、目之于色，意思是天下古今人人皆有此判断力；此判断力之判断结果均同（即每个人的判断均有与他人的判断协调一致之可能性），且必定已然协调一致了；圣人者，之所以为圣人，在于能够"先得"众心之所同然。无疑，基准是天下古今众民之同然。圣人之感知必定与众人一致，理由是"圣人与我同类者"。圣人之"生而知之"当为"先得我心之同然"。孟子在此没有说圣人是独得己心，还是默察众民之公志而取之。这就留下一个解释的余地。或解释为圣人以己心独断，则天然合于众民之同然。此明道之说也。朱子严厉批评，盖出于不能假设人主一定是圣人，人主之心一定如圣人"广大无垠，万善皆备"。明道之说，难免导人主"谈空自圣"，师心自用，任意妄为。

这样看来，怎样解释孟子的思想是极其重要的。孟子从来不用明道告神宗的口气说话。孟子对当时的诸侯讲话像授课，从未把他们假设为圣人。现在的问题是：圣人是怎样先得众心之同然的？扩充到何等程度才是恰当的？

孟子这段话是关于直感判断力的古老的经典论述，有前人未注意的重要意义。要讲心性论，决不能忽视这段话阐明的基本原理。孟子的话与本文前面所述康德、伽达默尔关于直感判断力的论述"若合符节"。圣人或许独断于己心。圣人或许以己心之独断要求众人与己协调。然而，无疑结果必须是天下协调一致。也就是说，必定有一个全天下的协调过程。不仅众人仰望圣人、"期于"圣人，圣人也会默察众志而后开口讲话。当民众中出现分歧，人们都期望一个裁断时，圣人开口岂能不察众人之志？[23]

《周易·系辞》曰："易，无思也，无为也，寂然不动，感而遂通天下之故。"感而遂通：察众志而取其和。随时感通即止于至善，如此则民服。

阳明曰："天下古今之人，其情一而已矣。先王制礼，皆

---

[23] 参考《判断力批判》第48节以下论天才；第60节论社交性、教养之传播。

因人情而为之节文，是以行之万世而皆准。其或反之吾心而有所未安者，非其传记之讹阙，则必古今风气习俗之异宜者矣。"(《寄邹谦之》)"因人情"三字真得孟子之意也。"人情"绝非一个人之情，必定为众人之情之"中"。而此"中"必由圣人断得。"因人情而为之节文"：全然是"经验的"。当然不属纯粹实践理性，而属直感判断力（反思判断力）；当然不是眼耳鼻舌身感觉经验，而是直感经验。此乃"调停适中"过程。"是非只是个好恶"，更是直截了当地从直感经验规定道德上的是非。儒家论道德何与实践理性哉？！

阳明又曰："在孟子言必有事焉，则君子之学终身只是'集义'一事。义者，宜也，心得其宜之谓义。能致良知则心得其宜矣，故'集义'亦只是致良知，君子之酬酢万变，当行则行，当止则止，当生则生，当死则死，斟酌调停，无非是致其良知，以求自慊而已。"(《答欧阳崇一》，《传习录》170)"集义"从何处集？自外？自内？是否必须考虑及众人之情实？"酬酢万变，当行则行，当止则止"与朱子"事事物物求是去非"说颇相合。"斟酌调停"，"集义"之注解也。斟酌何物而调停之？自外？自内？

义内、义外之辩，即义在心内抑或义在心外。诚然义在我心之内，然则不单在我一人之心内，而在人人之心内。今日之我们不必取此含糊其词之说，而以明晰准确的共通感解说。义仍在心内,但是在众人心内,为共通感,即协调得一之直感判断;圣人先得之而已。圣人善得之,此圣人所以为圣人者。上述解说虽借康德、伽达默尔学说补足之,却仍遵守先儒之法,力求心安[24],自慊而已。

结论:今日解说先儒学说,当以今日对哲学问题的理解行之,方奏发扬光大、沟通中西之功。以实践理性甚至纯粹实践理性解说,显然不当;以直感判断力解说,则若合符节。康德限于在感觉、情感领域研究直感判断力,故仅得对美的学说;伽达默尔批判康德局限性,揭示了直感判断力对道德哲学之意义;吾今以我儒学为范例,在感情、情感领域申说直感判断力,遂证明直感判断力使用于道德领域之正当性。吾今析良知(心、本心)为感情(情)、情感(直感判断力、反思判断力),再依孟子补充一共通感,共三环节,先儒诸说则可安放妥帖,亦为断朱、王之短长提供判据。至于"心具众理"说,别有"人为一文化的存在物"解释。当为另文释之。

---

[24] 问:"集注云:'告子外义,盖外之而不求,非欲求之于外也。'"曰:"告子直是将义屏除去,只就心上理会。"因说:"陆子静云:'读书讲求义理,正是告子义外工夫。'某以为不然。如子静不读书,不求义理,只静坐澄心,却似告子外义。"(《朱子语类》四册,第1264页)又说"但心安后,便是义理"。(《朱子语类》第一册,第155页)以"心安"为义理,心安即康德Lust,共通感也。

初版后记

实事求是是我写这本小册子的准则。具体地说，一求忠实地传达康德思想，二求恰当地评论。这是我努力的方向，但限于学术修养不够，可能做得不完满。我想，读者不会苛求于我，只要我尽力去做，会得到读者体谅的。

大学期间，我学的是工程。常有人问我，科学技术知识对我的哲学研究有什么用处。我的回答是：懂得一些科学技术的基础知识，使我比较容易看清科学技术的本质，比较容易认识自然科学所运用的形式逻辑和实证方法的限度和范围。

一些人正热衷于把科学技术的精神和方法推广到一切领域，这是很危险的。这样推广有两大弊病：

1. 以观物的态度对待一切，于是灵的方面被忽视了。物欲笼罩了一切，道德和理想从目的降为手段——确切地说，作为目的的道德、理想被取消了，而关于道德、理想的词句虽被保留着，但仅用作手段。

2. 采取坚执物化的态度，即使重视灵的方面，灵也与物分裂着。这是抽象的态度，同样斫丧生命。目的与手段分裂着，一个在天上，一个在地下。这也是人的分裂、生活的分裂。我们要做的事是摆脱抽象、消弭分裂。可叹的是，人们企图在保持分裂的前提下，通过手段达到目的。

康德哲学有助于对付第一个弊病，所以，我们需要康德哲学。对付第二个弊病，康德哲学就不够了，但这并不是说没有重新阐释康德哲学的可能性。不过，这些工作毕竟需要时间，不是哲学家讲清楚就可了事，而要整个民族都浸透了新精神才是真正的发展。哲学只有内在于人民生活之中才有生命，才是真哲学。这只有在人民生活的发展中才能实现，因而需要时间，而且是相当长的时间。

出版社的同志要求我写得通俗些。我想在此指出，这本小册子并非简单地把我的博士论文《康德对本体论的扬弃》通俗化。那本小书侧重于阐述康德思想的形式主义方面，从而为对付上述第一个弊病奠定基础；这本小册子侧重于挖掘、阐述康德思想的心学方面，为对付上述第二个弊病准备学理上的前提。可见，它是有新东西的，至于我写得是否足够通俗易懂，那就只能由读者评判了。

最后，我要感谢云南人民出版社的程志方、卢云昆两位同志，由于他们热情相邀，才使我坐下来写这本小书。我还要感谢《文汇报》的记者郑重同志，如果不是他向云南人民出版社的同志举荐，写书一事也不会发生。还要感谢《复旦学报（社

初版后记

会科学版)》的王华良同志,他在本书完稿后细读了全书,在写作上提出了很有价值的修改意见。古人说,"著书多,没有穷尽;读书多,身体疲倦"。(《旧约·传道书》12:12)写书虽是苦事,心却感到愉悦,因为心的永恒冲动是化入可能的境界(相当于弗雷格的"第三境界"),写书是满足这冲动的途径之一。书写成了,心又感到紧张,畏惧进入可能的境界中的命题禁锢住读者的心。我只有请求读者不要采取执着态度看那可能的境界,这样,或许不至于辜负那几位促成我写书的好心同志所怀有的美意吧!

1988 年 1 月 9 日于复旦

再版后记

这本小书原名《砍去自然神论头颅的大刀》，原为云南人民出版社"名著导读丛书"写就。这个丛书以复旦大学王华良为主编，他当时是《复旦学报》副主编，以云南社的卢云昆为副主编。约稿时我的博士论文出版不久，写作这样一本书还是有条件的。当时的困难是，康德哲学负有诸多污名，虽然前有李泽厚《批判哲学的批判》开路，依据我在博士论文答辩时所受压力看，讲解康德仍然面临可能的帽子。为了使先行揣着许多误解概念的读者真正进入哲学，我采取了"清洗术语"的方法，把人们误解的名词，逐个辨析。整本导读，也以重点讲解四个概念为结构。

三十年过去了，康德已经恢复名誉；在中国的意义世界中，地位盖过了黑格尔。康德哲学普及程度甚广，已成显学。然而日常哲学的误解概念仍然流行不息。似乎人们并未从哲学研究中汲取应有的教养。黑格尔论逻辑学是纯粹科学——研究纯粹思维的学问，这思路即源于康德的批判哲学。然而人们仍然把经验命题当作哲学命题看，把"大脑是产生思维的物质"这样一个生理学经验命题当作哲学上的基准原理看。全然不知道哲学在中国已经进了一步，摆脱了经验思考的又一层枷锁。看来，我的清洗方法仍然有效，这本小书也有再版的价值。

我把想法表示之后，得到吴晓明、王金林的支持，二人与孙向晨、丁耘商量，遂由丁耘出面与三联出版社联系。三联的编辑王晨晨阅稿后，认为须稍稍扩容，添加几篇相关论文。于是有了目前的构架，成了本新书。她选定的三篇文章与原先的小书组合起来，竟然形成新的结构，透露出更新、更深的意义。这使我感到要多说几句话。

《论康德的"人的存在二重性"理论》一文，是2009年提交给"康德在亚洲"国际学术研讨会的论文。里面有一句话，在会后汇编论文集时，主办者香港浸会大学的庞思奋教授（Stephen Palmquist）向我提出了质疑。这个问题十分重要，或许是今日中国研究、传播康德哲学的关键点。

这个点，就是bewußt（意识）概念。我说，康德未注意对Bewußt(sein)作阐发。庞思奋教授质疑道，康德关于Bewußt(sein)论述甚多，意思是不能说康德未阐发。我想，应该是我的表述不够清晰，或许是因为我的英文不够好。我的意思是，康德未曾把这个概念列为基本术语讲透，并加以限定。康德把这个词用得太宽泛了，感性、知性、直观、统觉……几乎全部心智能力都属于bewußt，又未加限定，结果研究者反而忽视了它。典型案例就是牟宗三先生严厉批评康德的智性直观学说，却未领会自己讲的智的直觉，在康德哲学应扩展到 bewußt 的全部使用范围，才找得到对应概念。他似乎未留意 Selbstbewußtsein 一词中 selbst（返身，返向自身）之重要，也就是说，selbstbewußt 之重要。返身观照（良知反观自身）意义上的 Selbstbewußt 就是智性的 bewußt，也就是牟宗三意义上的智的直觉。Bewußt 之重要还在黑格尔从它（以及 Selbstbewußt）演绎出《精神现象学》，哲学地展示了西方思想史和社会发展史，让人们明白，世界大部分由 bewußt 及 selbstbewußt 建构。

牟宗三先生对当代中国哲学的发展作了很大贡献。他融汇程、朱、陆、王与康德发展出当代心学，意义重大。瑕疵在未看透 Selbstbewußt。而这个点，bewußt 是个要点，既是中西哲学会通的要点，又是当代中国思想发展的要点。虽属微瑕，亦宜弭平。补苴罅漏固研究者之恒业。哲学研究须探及根本。这个坎迈不过去，无法更深入、确切了解西方哲学其后的发展，也不可能正确发展中国思想。《明儒学案·姚江学案》导语引"良知人人现在，一反观而自得"，以示"反身理会、推见至隐"之语要，先儒已讲透。今又遇康德哲学。纯粹理性批判：批判，审视也；审视，亦观照也。纯粹理性批判，乃由纯粹理性行之，语义即纯粹理性审视自身，或曰观照自身。故而，纯粹理性批

再版后记

判也即良知反观自身。不了此义，怎能以康德为鉴照明白中国思想？

原来的《砍去自然神论头颅的大刀》，曾数次用于我开设的《科学方法的哲学基础》通识课作参考书，意思是充当哲学入门之入门，效果尚佳。本次修订再版未对照手稿补足被删落的文字，仅仅改正原书的错字。秉承的宗旨是，文本一旦进入流通，就成为一个存在体，异于母体中的胎儿；时隔三十年，没有必要恢复胎儿原形了。书名改为今名是为减省字数，添加的三篇文章，也仅改错字。

本书能出新版，要感谢我的复旦大学同事吴晓明、王金林、孙向晨、丁耘等人。王金林推动，丁耘联系、沟通，出力甚多。感谢三联书店的舒炜、冯金红促成此事。感谢编辑王晨晨细致斟酌。还要感谢华东师范大学出版社原社长、董事长朱杰人教授。添加的三篇文章已收入朱教授作为出版人组稿的两种拙著，2014年出版。经他慨允，才得以加入本书，建成新结构。希望这个新貌适合现在读者的口味，确实起到入门效用，使我的谢意得以落实。

2018 年 9 月 28 日